金师起点·新管理书系

从一到百
门店复制

范祝平◎著

中国财富出版社

图书在版编目（CIP）数据

从一到百门店复制／范祝平著. —北京：中国财富出版社，2016.9
（金师起点·新管理书系）
ISBN 978－7－5047－6177－4

Ⅰ.①从… Ⅱ.①范… Ⅲ.①连锁店—企业管理 Ⅳ.①F717.6

中国版本图书馆 CIP 数据核字（2016）第 137924 号

策划编辑 宋 宇 **责任编辑** 齐惠民 于晨苗
责任印制 何崇杭 **责任校对** 杨小静 张营营 **责任发行** 敬 东

出版发行	中国财富出版社		
社　　址	北京市丰台区南四环西路 188 号 5 区 20 楼	**邮政编码**	100070
电　　话	010－52227568（发行部）		010－52227588 转 307（总编室）
	010－68589540（读者服务部）		010－52227588 转 305（质检部）
网　　址	http://www.cfpress.com.cn		
经　　销	新华书店		
印　　刷	北京京都六环印刷厂		
书　　号	ISBN 978－7－5047－6177－4/F·2608		
开　　本	710mm×1000mm 1/16	**版　　次**	2016 年 9 月第 1 版
印　　张	12	**印　　次**	2016 年 9 月第 1 次印刷
字　　数	160 千字	**定　　价**	32.00 元

| 序　言 |

大众创业，万众创新：实体店扩展的新机会

2015 年两会期间，李克强总理提出推动“大众创业，万众创新”，并强调活力和创造将会成为中国经济未来增长的引擎。当今，在互联网大发展的背景下，零售业也在发生巨大的变化，网上店铺早已经遍地开花，不断掠夺实体店的市场份额。

当实体零售商们绞尽脑汁让消费者更愿意进实体店消费的时候，品牌商“一家独大、坐等客人”的心态已经悄然发生巨变，他们积极布局全渠道营销体系，寻求能够相互借力的合作伙伴，创新实体店的消费体验，以寻找未来新的机会。

中国改革开放经过 30 多年的历程，商业经营模式不断发生着变革。当下连锁经营已成为中国现代商业发展的新模式，并以前所未有的速度影响着中国第三产业的发展，业界人士把它称为“现代流通革命”的一大标志。特别是商品流通与餐饮、服务业等领域，已成为连锁经营的领跑行业。像美国的沃尔玛、法国的家乐福，都是零售界的国际连锁巨头，像麦当劳、肯德基，这些是餐饮业连锁巨头。

在中国流通市场中，存在着千千万万、大大小小的店铺。几乎所有的店铺都希望不断发展壮大，希望在竞争中立于不败之地。然而，大部分店

铺如过眼烟云，来也匆匆，去也匆匆，只存在很短暂的时间就被无情的市场竞争所淹没。有的店铺虽能辉煌一时，却终究好景不长，很快衰落。

在众多的店铺中，只有少数店铺可以维持较长的历史。有一个企业家说："如果开工厂，三年后，十家工厂中有六家能存活下来；但是如果开店铺，三年后，只有一家能存活下来。"

那么，店铺成败的原因何在？连锁企业如何才能做到快速、健康复制？如何解决异地扩张问题？如何使店铺从一家迅速复制扩张到一百家、两百家，甚至上千家，实现连锁店铺的成功复制？

本书围绕"门店复制"这个中心，从成功需要复制、店铺复制的经营准备、复制统一的店铺形象、复制规范的货品管理、复制成功的财务管理、连锁店的服务与管理、成功的人力管理和绩效管理等方面作了详细阐述，帮助读者逐个击破连锁企业拓展过程中的主要难题，并提供全新的拓展思路与方法。引导经营者粉碎拓展障碍，破解拓展迷局，加快门店扩张步伐，让门店成功复制，连锁大旗插遍全国。

本书摒弃了其他图书的理论和技巧介绍，以读者的角度思考问题，切切实实解决了加盟商在店铺复制扩张中遇到的困惑，是作者多年企业战略研究的智慧结晶。书中采用了大量真实案例，同时分享了作者积累的多种工具和方法，为连锁企业提供实操性强、可立刻借鉴学习的解决方案，帮助读者剖析拓展难题，破解成长困局，实现快速扩张。

希望本书能够为连锁企业拓展人员、连锁企业主和经理人提供成长建议，并为广大有志于连锁企业的创业者补充连锁知识、提供拓展思路，让本土连锁企业在拓展过程中少走弯路，为中国连锁产业发展略尽绵薄之力。

范祝平

2016 年 5 月 30 日

CONTENTS 目录

| 第一章 |

大众创业：店铺成功需要复制

第一节 “大众创业，万众创新”的创富机会

随着“大众创业、万众创新”理念的提出，对广大有创富欲望的人来说，机会再次来袭。

20 世纪八九十年代，中华大地上兴起了一阵“下海潮”，知识分子、机关干部、国企员工，各个群体中都有人下海创业经商，从而诞生了一大批例如万科、联想、万通这样的业界巨头，相应的成就了王石、柳传志、冯仑这样的企业家。

21 世纪初，互联网产业蓬勃兴起，有一批年轻人投入到互联网创业大潮中，他们中有马云、马化腾、李彦宏等，阿里巴巴、腾讯、百度不仅成为中国互联网企业的领头羊，而且已成为中国企业闯荡世界的名片。

2014 年以来，党中央、国务院高度重视大众创新、创业，李克强总理也多次对大众创新、创业做出重要指示，强调要将此作为新常态下经济发展的新引擎。2015 年，国务院设立了总额在 400 亿元人民币的“国家新兴产业创业投资引导基金”来助力创业、创新。

面对来自中央政府层面的鼓励与支持，面对众多利好政策，这波创富

机会如果再错过，你能忍吗？

机遇是留给有准备的人。很多企业正在抓住这样的机会，对产品或服务进行升级换代和创新，特别是连锁企业正在加速扩张的步伐。

中国的连锁企业，大部分属于第三产业，如服装、餐饮、家电等行业。消费作为经济发展的三驾马车之一，在中国从来没有像现在这样受到高度关注，也没有像现在这么富有活力。

改革开放的前20年，国人都忙于辛苦工作，把中国变成世界工厂。近十年，随着中国逐渐拥有了世界最庞大的民间储蓄和外汇储备，国内消费潮也一浪高过一浪，中国人似乎成了最有钱的消费群体，无论法国巴黎还是英国伦敦，都有排队购买奢侈品的中国人的身影。

在其他消费领域，各种各样的连锁店已如春笋般涌现，如歌力思、汉庭、俏江南、千禧之星、七天、湘鄂情、小肥羊。与此同时，资本市场也对连锁企业情有独钟。

美国时尚品牌 Forever 21 在 2015 年上半年宣布，未来 3 年将新开 600 家门店，并与甲骨文零售系统合作，在 600 家新店使用后者提供的商品规划和优化解决方案，以便更好地根据消费者的需求提供相关产品。

Forever 21 表示甲骨文零售解决方案将根据该品牌 6 个网站及全球 43 个国家的直营和加盟门店各品类的历史表现，包括颜色、风格和数量，将搜集到的数据进行划分和切割后，提供分析和预测。据 Forever 21 透露，甲骨文提供的系统使用了非常复杂的模型，但用起来很方便，可以有效帮助企业成长。

Forever 21 的创始人兼首席执行官 Don Chang 于 2015 年夏天公布

其扩张计划：在未来3年，公司规模翻倍，门店数将达到1200家。

现在，连锁企业朝细分市场挺进，将会有越来越多的连锁企业出现，从餐饮到酒店，从零售到百货，从医疗到教育，连锁将渗透到中国人衣食住行的各个方面。

第二节　互联网态势，连锁经营的魅力

近年来，随着互联网、移动通信、物流配送体系的迅猛发展，网络消费异军突起，呈现出快速发展的态势，成为日益活跃的消费热点，在扩大消费、促进经济和社会发展中扮演着越来越重要的角色。

从老百姓网购商品的类别来看，基本囊括了居民家庭吃、穿、住、行、用等各方面的需求，但服装类、日常生活用品类商品仍是消费者网购最多的。服装类、日用品、数码产品等是市民热衷的网购种类，特别是广大女性对网购服装情有独钟。

目前，中国大约有3亿智能手机用户，使用各种功能的APP（应用程序）成为时尚，APP创客成为2015年的流行语。北京、上海和广州三地的餐饮消费习惯统计显示，99%的人餐前会搜索餐馆，50%的人会查询餐馆评价。随着互联网普及率的提高，接入互联网已不局限于计算机，手机上网也越来越普遍，随时随地手机上网购物已成为越来越多人的选择。可见网络消费模式已经对居民家庭的生活产生较大影响，成为许多家庭消费支出的重要方式。

值得关注的是，在中国，不仅城市居民热爱网购，相对较小的城市和农村地区也开始接触网上购物。较偏远的地区没有大型购物商场，所以越

来越多的人通过网购来挑选商品。阿里巴巴集团的研究结果显示，小城市居民花费在网络购物上的可支配收入远高于中国的大都市。

在网购日益大行其道的当下，许多行业正在加紧转型与升级。比如，零售行业，从一开始的单店成功，到复制连锁经营，到最后的互联网化发展的趋势。

正如圣雅伦公司董事长梁伯强所说："一个人的成功不叫成功，一个人的事业不是伟大的事业。"同样一个店铺的成功并不叫成功。

市场上许多知名的连锁店早期都是由单店起家，以独资或家族的经营形态创业，而随着企业规模的日益扩大，逐渐释股给资深员工，越做越大，不断扩店，造就了连锁店的蓬勃发展。

在成为连锁店之前，许多企业都有过从单店到大店、大店到强店、强店再到连锁店的规划。规划是简单的，落实到行动中却不是那么容易的，所以从小到大都有个过程。

我们来看看国美电器的成长故事。

1986年，17岁的黄光裕跟着哥哥黄俊钦来到北京创业。他们首先在北京前门的珠市口盘下了一个100平方米的名叫"国美"的门面卖服装。先做服装，后做家电，黄光裕从一开始就坚持走"立足零售，薄利多销"的经营策略，偏执地将当时百姓认可、居高不下的家电价格通通下拉几百元。

在当时卖方市场背景下，这一举击溃了商家正在采用的"抬高售价、以图厚利"的经营方式。这种方式为国美积累了大量的财富，帮助黄光裕连开了几家分店。

1992年，黄光裕将旗下所持有的几家店铺统一命名为"国美电器"，

就此形成了连锁经营模式的雏形，他成了京城家电连锁业的“老大”。

1999年，黄光裕开始全国扩张，他决定从天津开始，打响全国扩张的第一枪。从这一年开始，几乎每一个月就有两家国美直营店及一家加盟店在某一个城市诞生。同时，国美电器的商品种类也不断扩展，从彩电、冰箱、洗衣机到空调、小家电、通信等。

2004年，国美又增设了数码产品、音像制品。到2004年年底，此时的国美电器已经在全国的40多个城市、香港及东南亚地区，拥有了190个门店和30个分公司。

2007年之后，国美又先后收购了大中电器、北方电器、三联商社，环视四周无人之后，黄光裕甚至将目标瞄准了另一个“同等重量级”的对手苏宁电器。他曾咄咄逼人，半是调侃半是认真地说过：“国美与苏宁合并只是时间问题。国美将继续在规模上领先对手，打到对手求和为止。”

按照黄光裕的构想，最终他要统一全国电器零售市场。

2015年4月21日，中国连锁协会发布“2014中国连锁百强”名单，国美电器以2014年1434万销售额、1698个门店的好成绩，勇夺中国家电连锁企业头把交椅。

国美方面称，公司已经认识到互联网对行业的巨大影响力，根据消费需求和消费者行为的变化，也已经认识到渠道的概念正在变得模糊，未来，国美会将线上线下“全渠道”体验升级为互融互通的“全零售”体验，在前端以移动微店为轴心全面发力，在后台以大数据工厂为核心提升供应链价值，让消费者能够在线上、线下、移动端、其他渠道的公共平台上，跨越渠道和各种设备制约，打造属于国美的全零售生态圈。

国美线下根基稳固，2014 年的良好业绩也已经证明在电商的大力冲击下，实体店仍可能有增长空间；此外，2014 年国美在线的业务也实现了高增长，据公司年报，国美线上交易额同比增长 84.4%。

看完这个故事后，我们可以发现。要想做到成功，就必须做好自己的第一家店，从而进行复制。做单店开始不宜做大，应从小而专开始。单店一般没有太大的规模，只能从专项服务上下功夫，比如一家文具超市，什么文具都有，样样俱全，应有尽有。

如果你在某一类型做得很专业，这样就能吸引这一类型爱好者，加上优质的服务，就会受到消费者的青睐。从某些角度来说，这不失为打开市场的妙计。

第三节　从单店成功到复制

合美是国内首家以女性内衣品类为主的多品牌、多品类高端精品集合店，即一体化高端买手集合店模式。

网购来袭，是不是实体店的噩梦呢?

最新调查数据研究发现，消费者中出现了“重返实体店”的迹象，这一趋势不仅发生在中国，在美国等成熟市场也愈加明显。

消费者选择网购的原因不用多说，选择范围广，便于比较，易于搜索，快捷方便，等等，然而网购也有致命的弱点，只能眼观揣摩，不能摸、不能试、不能实物比较，无法避免色差，还要遭受快递的困扰。购物本身是美妙生活的一个重要部分，人们享受在实体店买东西的那份踏实感

觉，享受购物过程逛、找、品、试、鉴、比的乐趣，这种购物体验是其他渠道无法代替的。

2015 年，合美大力进军商场自营系统，打造众多一体化高端买手集合店模式。店铺产品定位为轻奢女性内衣。现阶段广州、哈尔滨、杭州、武汉等地都有合美精品集合店。

每个成功的个体，都有过艰难的发展过程，从个店到旗舰店，再到旗舰店的复制，积累管理经验，最后到连锁店的成功。

如何成功，从零开始。“千里之行，始于足下。”“不积跬步，无以至千里；不积小流，无以成江海。”态度决定一切。同时，一味地复制别人的东西并不一定能成功，创新才能长盛不衰。

成功不但要靠资金、技术、经验等因素，还要不断努力学习、思考，坚持不懈做下去。减少失误与失败，不怕失败，失败一次，在失败中找原因，总结教训，善于发现问题，及时纠正，把握时机，就等于拿到决定胜负的主动权，不成功都难！

连锁经营企业实施标准化对分店的快速复制有着极其重要的作用。标准化应包括企业 CI 的设计与事实、人员培训的统一、经营管理的标准化、员工薪酬的一致性、售后服务的统一、采购与分销的统一等。

专业化要求实行连锁经营目标的企业，找出自身发展最擅长的业务，下大力气用心经营。对于一些食之无味的鸡肋业务应进行剥离和切割，力争将企业有限的资源用在最具发展潜力的业务上。另外在岗位安排上，人员分工上也要做到专业化，使得企业在纵向与横向这两个系统中都达到专业化的要求。

与孤立的单店相比，连锁店的最大不同在于其与总部之间有着明确的专业分工。关乎企业发展的重大问题由集团总部承担规划和决策的责任，同时集团总部应制订标准化的连锁店运营模式，包括连锁店组织机构的标准化和简单化、部门职责的清晰化、运营流程的标准化、操作内容的标准化。

这一系列标准化的制订，都将为连锁店运营模式的快速复制提供保障。各连锁店则要做到切实履行上述标准化规定，抓好产品销售以及与顾客的有效沟通。

在成功有效地发展连锁的同时，为了能更有力地对各分店实时管理并把握市场最新变化，就要求经营者在管理上做到精简化和简单化。应尽量减少管理层级，减少部门数量，降低组织沟通成本，提高信息流转速度，避免在不同管理层级上信息的拥堵。为提高工作效率，也可以制作明细的工作手册，各司其职。

在21世纪的今天，市场竞争非常激烈，这时信息的传递显得尤为重要，各连锁店的销售信息网络化，对于连锁经营企业的决策与发展来说至关重要。通过计算机联网可以实时地将当天各连锁店的销售情况进行汇总，可以观察每个月、每个季度的销售情况，并制订出未来企业的发展计划。同时，信息网络化也可以服务于财务部门和人事部门，为企业决策提供依据。

为了保证连锁店的长久发展，吸引消费者并拥有长期的消费顾客，在每开设一个新店前，经营者都要进行长期细致的市场考察，比如当地的生活方式、收入层次、消费水平、人口规模、增长速度、居住条件、宗教信仰等都在考察之列。

此外，连锁企业还要选择好商品供应商，经过周密细致的准备工作后再进行开店营业。

近十年来，中国的零售连锁行业得到了高速发展，国美、苏宁等一批连锁卖场的崛起和扩张使得家电销售渠道发生颠覆性的变革，并且这一趋势又逐渐蔓延到手机通信、家用电脑、IT数码等领域。

| 第二章 |

店铺复制：网络时代，实体店经营发展思路

第一节　线上开店，线下布点策略

近年来，随着互联网技术的发展，网上店铺和网购模式兴起，实体店受到了很大的冲击，而且被冲击的速度不断在加快。以阿里巴巴旗下的淘宝、天猫为代表的网购平台，正在逐渐改变市场的消费格局，如果实体店经营者还在一成不变地走老路子，最后肯定会被社会所淘汰。

传统店铺面临新的转型！

现在不少聪明的商铺都走上了实体店与网上经营相结合的路子，线上线下齐头并进，效果明显，这也会是以后实体店，特别是小型实体店发展的方向。

王娜经营一家百货店多年，每年利润都在十几万元，利润可观。可近几年网购兴起后，她的百货店生意直线下降，利润减少了一半，愁得她怎么也乐不起来了。

为了使自己的生意好起来，她绞尽脑汁，用尽办法，就是不见效。后来她发现自己的不少朋友都开始从网上购物，才恍然大悟，网购的确

使她失去了不少客户，特别是那些平日工作忙，没有时间尽情逛街的人，足不出户，只要在电脑前点击鼠标就可以购物，何乐而不为呢?

因此，王娜认为，作为一种新兴的购物方式，自己也应该很好地利用网络，利用自己的优势开个网店，把货物从网上卖出去。由于自己开实体店多年，开网店也比较方便，进货发货都是现成的资源。于是，王娜购买了电脑，参加了网络培训，一切就绪后，她在经营实体店的同时，在阿里巴巴旗下的淘宝网开了一家网店，线上线下双管齐下。

平日实体店里没有顾客的时候，她就在电脑前与网上客户联络，看到店里有客人进来，便起来招呼。经过一段时间的磨合，网店逐渐有了起色，加上实体店的存在，生意逐步有了起色。她高兴地说："线上线下开店，不出半年，生意基本恢复到以前的水平。幸亏开了这个网店，要不我的实体店可真的要关门了!"

由此可见，在网购逐步兴起的年代，实体店的方向，就是立即转型，走实体店与网络结合的路子，无数事实证明，这是小型实体店走出困境的最佳方式。

线上开店，首先需要线下的支撑。线下开店，首先要看如何布点。

如果你是一个有心人，肯定会发现肯德基与麦当劳大多都设在超市的旁边。这就是复制店面时所需要的选址的艺术，这就是店面地址的优势。而作为服务于大众消费者的零售企业，它的经营程度极大地依赖于其店址选择的正确与否。所以，零售业被称为“靠选址决定命运的产业”。

国际零售经营大师们的口中经常会冒出来的一句话就是：“选址！选址！选址!”这充分说明了在复制店铺时，门店选址的重要性。

1. 门店选址的优势

（1）好的店址可以带来大量的人流

人流量主要是看平时、假日来往人次和比例。人流量是很多连锁店的很重要的一个开店评估指标，苏州老妈米线，上海吉祥馄饨的经理们，他们都把这个指标看得很重。

人流量是店铺选址最重要的指标之一。测试人流量有四个方面：一要测不同的地方；二要看时间段；三要看人流数量；四要测双向人流数量。

有一个小故事反映了人流量的重要性。

上海南京东路步行街西端有一个欧式建筑的百货商店，那就是拥有上百年历史的永安百货。相传当年永安百货的创始人郭氏兄弟在创建百货公司时，为了选一个好地址费尽了心思。当他们选好一个地址后又发了愁，是在路南边建楼还是路北边建楼呢？

南京路的人熙熙攘攘，看不出哪边人更多，似乎哪边都可以。怎么办呢？郭氏兄弟想了一个办法，派了几个人坐在南京路的南北两边，手里拿着一个容器，再拿好多豆子，每过 1 个人，就往容器里面放 1 个豆子，最后看哪边多。最后的统计结果是路南边的行人比路北边的人多。所以现在的永安百货是在南京路的南边，是坐南朝北，而不是传统的阳面。

当然，时代发展到现在，除了人流量还要计算车流量，这也是一个需要考虑的因素。所以，一般情况下，车站的店面租金比其他的地方高，也是借了人流量的势。

（2）好的店址同时需要有便利的交通

好的店址同时需要有便利的交通，这样不但可以带来大量的人流车流，店面在进货送货的时候也方便。此外，顾客在拉货的时候，逛街的时候都比较方便。

（3）好的店址可以借光

借光即把店铺开在著名连锁店或强势品牌店的附近，甚至可以开在它的旁边。

例如，你想经营快餐，那你就将店铺开在“麦当劳”“肯德基”的周围。因为这些著名的洋快餐在选择店址前已做过大量细致的市场调查，挨着它们开店，不仅可省去考察场地的时间和精力，还可以借助它们的品牌效应，捡些顾客。

另一种借光是选取自发形成某类市场的地段。在长期的经营中，某条街会自发形成为销售某类商品的“集中市场”，人们一想到购买某商品就会自然而然地想起这条街。这也可以增加客流量。

（4）好店址的优势还体现在商业活动的高频率

商业中心、闹市区，商业活动频繁，店铺营业额必然较高。这样的店址就是所谓“寸金之地”。在这类地区，物流快，对于服饰业来说，服饰的流传趋势发展很快，如果商品流动慢，则有可能在服饰没卖出去前就过时了，所以商业活动频繁的地区对服装店店址的选择来说是绝佳的地点。

从上可以看出，一个好的店址具有很大的优势，有实践经验证明，好店址的营业额可以是不好店址的数倍。所以，在对店铺进行复制之初，首先要注意选址问题，这是一项长期性的投资，直接关系门店经营的战略决策，是商业地产链中以消费者为中心观点的重要体现，是影响复制门店效益的一个决定性因素，同时也是制订门店经营目标和经营策略的重要依据。

2. 门店选址存在的问题

成功的选址系统是门店复制的核心竞争力之一，但受专业及经验限制，国内门店在选址的成功率上一直不高，我国零售企业选址主要存在如下的问题。

（1）门店选址随意性大

目前我国许多门店选址，在区域的选择上较为随意，尤其是一些中小型的门店，老板凭多年经验和直觉来判断店址，不根据发展需要或从店铺选址的战略角度进行科学规划，不切合实际布点，往往说不清楚选择理由，甚至把成败归咎风水问题。

有个做美体连锁的女老板介绍自己选店经验时自豪地说："站在那里闻一下空气，就知道能不能开店。"

其实这些老板在选址的时候往往凭的是自己的主观经验，凭感觉来投资，由于没有科学根据，其风险非常大，碰运气成分居多，往往因忽视市场调研和分析，导致选址质量不够理想。

（2）门店品牌认可度差

由于目前我国零售企业以"单体店"较多，势单力薄，选址过程随意性大，效益欠佳，制约零售企业选址和可持续发展。由于这些零售企业"散、小、弱、差"，所以在选址上又没有相应的标准或规范。

（3）选址管理能力差

由于我国零售企业的整体管理水平比较落后，管理不到位，制度不够健全，效率较低，服务意识落后等原因，很多零售企业的选址和店面建设也不能与其发展相匹配，管理的精细化程度依然较低。

第二节　线下店铺选址的原则

了解了以上情况后，门店根据自己对店铺的定位，来选择适合自己店铺的地址，在选址的时候考虑以下原则：

1. 便利策略

复制门店进行选址首先要考虑其业态特征，那些单体规模小，满足顾客、便利顾客需要，以经营选择性较低的日常生活用品为主的零售业态，例如超市、便利店，原则上应在距离上靠近顾客。

那些单体规模大、商品品种齐全，以经营选择性较强的商品为主的零售业态，例如，百货店或仓储式购物中心能够从远处吸引顾客，原则上选在人流多，交通便利的地方。

交通便利已成了现代零售业必须考虑的重要因素，它既可以把较远地方的人带进来，又方便购物的人群走出去。比如，交通便利就是家乐福超市选址的首要因素，家乐福开店选址的条件有三：交通方便；人口集中；两条马路交叉口。其实家乐福的法文名字“Carrefour”正是“十字路口”的意思。

2. 细分地理位置策略

细分地理位置的策略是指对气候、地势、用地形式及道路关联程度等地理条件进行细微分析后，对门店位置做出选择的策略。主要可从以下几个方面进行细分。

（1）门店选址要关注路面、地势

一般情况下，门店选址都要考虑所选位置的道路及路面地势情况，因为这会直接影响门店的建筑结构和客流量。

通常，门店地面应与道路处在一个水平面上，这样有利于顾客出入店堂，是比较理想的选择。但在实际选址过程中，路面地势较好的地段地价都比较高，商家在选择位置时竞争也很激烈。所以，在有些情况下，商家不得不将门店位置选择在坡路上或路面与门店地面的高度相差很多的地段上。这种情况，最重要的就是必须考虑门店的入口、门面、阶梯、招牌的设计等，一定要方便顾客，并引人注目。

（2）门店选址要考虑地形

地形、地貌对商店位置的选择的主要影响表现在以下几个方面。

方位情况：方位是指商店坐落的方向位置，以正门的朝向为标志。方位的选择与商店所处地区气候条件直接相关。以我国北方城市为例，通常以北为上，所以一般商业建筑物坐北朝南是最理想的地理方位。

走向情况：走向是指商店所选位置顾客流动的方向。比如，我国的交通管理制度规定人流、车流均靠右行驶，所以人们普遍养成右行的习惯，这样，商店在选择地理位置进口时就应以右为上。如商店所在地的道路是东西走向的，而客流又主要从东边来时，则以东北路口为最佳方位；如果道路是南北走向，客流主要是从南向北流动时，则以东南路口为最佳。

交叉路口情况：交叉路口一般是指十字路口和三岔路口。一般来说在这种交接地，商店建筑的能见度大，但在选择十字路口的那一侧时，则要认真考察道路两侧，通常要对每侧的交通流向及流量进行较准确的调查，应选择流量最大的街面作为商店的最佳位置和店面的朝向。如果是三岔路口，最好将商店设在三岔路口的正面，这样店面最显眼；但如果是丁字路口，则将商店设在路口的转角处，效果更佳。

（3）考虑商圈的因素

门店选址的关键就是商圈的选择。所谓商圈，通常指可能来店购物的顾客所分布的地理区域。商圈是以零售企业为中心向四周扩展，构成一定的辐射范围所形成的。将商圈分为主要商圈、次要商圈和边际商圈。主要商圈是指最接近商店并拥有高密度顾客群的区域，通常本区域50%的消费者来本店购物；次要商圈位于主要商圈的外围，顾客光顾率较低，一般这一区域的15%～20%的消费者到本店来购物；边际商圈位于次要商圈之外围，属于本门店的辐射商圈，一般本区域的10%的消费者来此店购物。

门店确定其商圈范围非常重要，一方面可用于指导门店的选址，一方面可以具体了解门店的消费者构成及其特点，从而确定目标市场和经营策略。对商圈内人口的消费能力进行调查，计算商圈不同区域内人口的数量和密度、年龄分布、文化水平、职业分布、人均可支配收入等许多指标，了解其商圈范围内的核心商圈、次级商圈和边缘商圈内各自居民或特定目标顾客的数量和收入程度、消费特点与偏好。

门店的选址是一门大学问，它要充分运用各种学科的知识，经过深入的分析、研究才能有效实施，是零售企业经营管理者必须予以高度重视的一项关键性工作，选址准确才能进一步有效地提升零售业的竞争能力。

第三节　做好商圈调查分析

商圈分析是指对商圈的构成、特点和影响商圈规模变化的各种因素进

行综合性的研究。对店铺来讲，商圈分析有以下重要的意义：

它有助于选择合适的店址，在符合设址原则的条件下，确定适宜的设址地点；

有助于制定市场开拓目标，明确哪些是本店铺的基本顾客群和潜在顾客群，不断扩大商圈范围；

有助于有效地进行市场竞争，在掌握商圈范围内客流来源和客流类型的基础上，开展有针对性的营销。

那么，应该如何对商圈进行分析与评估呢？

1. 分析与评估客流量

每个店铺的经营者都知道，开店选址必须找人气旺的地方。客流多少是选址决策时必须考虑的重要问题。拥有足够的人流，才能保证店铺的利润回报，拥有足够的人气才能支撑起购买量，所以在分析商圈的时候要分析该客流的特点。

古语说“一步差三市”，意思就是店铺的选址差一步就有可能差三成的买卖，这跟客流活动的线路有关。即使是同样一条街道，由于交通条件不同或基础文化娱乐设施不同或通向的地区不同，不同位置也可能会使销售业绩存在很大差异。

了解顾客的消费目标，对客流量调查结果进行分析，研究客流路过的目的，如经过此地是为了购物、换车、旅游或散步等。学校附近的店面应考虑寒暑假的时间，机关和公司集中地段的店面就必须掌握他们的上、下班时间，车站附近的店面应摸清发车、到站的规律，这些都会影响开业后的营业时间，进而影响店铺的业绩。

2. 懂得借客策略

店铺周围的竞争情况，对店铺经营的成败会产生巨大影响，因此在选址时，必须分析附近的竞争对手。在店铺相对集中的地方，店铺需要在经营特色、价格、服务等方面努力做出特色，才能成功。

对于单一功能零售店铺，由于这些店经营业务单一，规模小，对顾客的吸引力薄弱，所以自身难以拥有较大的客流。这些店铺具有依附性、借客源性的特征，在选址上可以采取借客策略，一种方案是在商业区或大商场旁边设店，从而获得较大的客源；另一种方案是在专业街开店，因为专业街同业商店多，就会产生聚集效应，容易扩大影响，凝聚人气。

消费者在专业街可以货比三家，还起价来比较容易，所以专业街与其他地区相比客流量更多。对于在此经营的商家来说，生意也反而比单枪匹马更容易做。比如，麦当劳、肯德基快餐厅几乎都是建在大商场旁边，也是这个道理。商家在开设店铺前，考察同一地段同类零售企业的经营业绩、商品的价格水平等情况，可以初步测算可能产生的利润状况，也有助于确定今后自己的商品定位，可以有效帮助自己用较少的投资进入了竞争十分激烈的市场。所以集中在一起的商店群相互间既存在竞争，又有着合作，经营店铺要权衡把握好这种关系。

3. 潜在价值评估策略

潜在商业价值评估是指对拟选开业的店铺位置的未来商业发展潜力的分析与评价。商家在评价店铺位置的优劣时，既要分析现在的情况，又要对未来的商业价值进行评估，这是因为一些现在看好的店铺位置，随着城市建设的发展可能会由热变冷，而一些以往不引人注目的地段，也可能在

不久的将来变成繁华闹市。

因此，店铺在选址时，更应重视潜在商业价值的评估。对此，可以从以下几个方面进行评价：

所选的地址在城区规划中的位置及其商业价值；是否靠近大型机关单位、厂矿企业；未来人口增加的速度、规模及其购买力提高度；是否有“集中效应”，即店铺建设如果选在商业中心区，虽然使店铺面对多个竞争对手，但因众多商家云集在一条街上，可以满足消费者多方面的需求，因而能够吸引更多的顾客前来购物，从而产生商业集群效应。所以，“成行成市”的商业街，也是店铺选择位置需重点考虑的目标。

4. 分析能否采用出奇制胜策略

店铺选址时既需要进行科学的考察分析，同时又应该将它看成一种艺术。经营者有敏锐的洞察力，善于捕捉市场商机，用出奇制胜的策略、与众不同的眼光来选择店铺位置，常常会得到意想不到的收获。

全美洲最大的零售企业“沃尔玛”联合商店的总经理山姆·沃尔顿就是采用了人弃我取的反向操作策略，把大型折价商店迁到不被一般商家重视的乡村和小城镇去。因为那里的市场尚未被开发，有很大潜力，同时又可回避城区商业日益激烈的竞争。

5. 建设状况分析与评估

建设状况分析包括公共交通、供电状况、通信设备、金融机构等对于店铺营销的方便程度。分析地区建设规划、公共设施，如公园、公共体育场所、影剧院、展览馆，以及本地区的人文等，是否有利于店铺的发展。

第四节　复制线下店铺选址很重要

店铺选址要考虑两个方面，一是大选址；二是小选址的问题。大选址要考虑当地的经济环境，考虑店铺商圈的问题；小选址要考虑当地的人流，以及地利位置等，需要细致到一个拐角的程度。

1. 大选址策略

先来看看大选址要有哪些策略，具体如下。

（1）商业活动频度高的地区，人口密度高的地区

居民聚居、人口集中的地方是适宜设置门店的地方。在人口集中的地方，人们有着各种各样的对于商品的大量需要。

如果门店能设在这样的地方，致力于满足人们的需要，那就会有做不完的生意。而且，由于在这样的地方，顾客的需求比较稳定，销售额不会骤起骤落，也可以保证门店的稳定收入。

（2）面向客流量最多的街道

因为门店处在客流量最多的街道上，所以受客流量和通行速度影响最大。此类门店可以帮助多数人就近买到所需的商品。

（3）交通便利的地区

旅客上下车最多的车站，或者在几个主要车站的附近。也可以在顾客步行不超过 20 分钟的路程内的街道设店。

（4）接近人们聚集的场所

如剧院、电影院、公园等娱乐场所和大型单位附近等。

（5）同类门店聚集的街区

大量事实证明，对于那些经营相同和互补项目商品的门店来说，若能集中在某一个地段或街区，则更能招揽顾客。因为经营的种类繁多，顾客在这里可以有更多的机会进行比较和选择。

（6）选择适当的行业类别

位于交通运输站的门店，应以经营日常用品以及价格低较且便于携带的消费品为主。位于住宅附近的门店，应以经营综合性消费品为主。位于办公楼附近的门店，应以经营文化办公用品为主，且商品档次应较高。位于学校附近的门店，应以文具、饮食、日常用品为主。

2. 小选址技巧

说了大选址的策略，下面来说说小选址的技巧，具体如下。

（1）有寻找强势品牌的意识

即把门店开在著名连锁店或强势品牌店的附近，甚至可以开在它的旁边，这样不仅可省去考察市场的时间和精力，还可以借助它们的品牌效应招徕顾客。

（2）选择独立门面

有的店面没有独立门面，自然就失去独立的广告空间，也就使商家失去了在店前“发挥”营销智慧的空间，这会给促销带来很大的麻烦。

（3）了解门店周边民众购买力

购买力是依附人而存在的，顾客购买力的高低决定了其所在商圈内的门店的基本价值。当然，在那些顾客消费能力强的区域，门店的价值高，获得的收益也相应较高。

（4）选择路边店

门店位于一条道路一侧，则可获得道路双方向的客流，价值高于路角店，是门店中最常见的状态。

（5）选择好的建筑结构

建筑结构的形式多种多样，理想的商业建筑结构为框架结构或大跨度无柱类结构形式（如体育场馆），其优点是：展示性能好、便于分隔组合、利于布置商场和商品。

（6）了解开发商

选择品牌开发商来确保资金安全是投资的一个重要方面。实力雄厚的开发商拥有完善的开发流程，拥有众多的合作伙伴，这对项目的商业前景本身也是一种保证。

城市					城市级别	□地级市　□县城　□乡镇		
商圈属性	□商业区　□住宅区　□校园区　□其他区域				商圈级别	□核心　□次级　□边缘		
位置状况	主街	□前段 □中段 □末段			客源磁场	数量（　）备注：		
	副街	□前段 □中段 □末段			吸客磁场	数量（　）备注：		
商圈平方费用					商圈平效			
商圈位置评价	□好		□较好		□一般		□较差	□差
品牌类型	占比	品牌	品牌类型	占比	品牌	品牌类型	占比	品牌

| 第三章 |

互联网时代，线下门店怎么保持客流量

第一节　统一形象：内部布局要科学统一

对于创业者来说，互联网时代下，线下门店要想保证连锁店铺的客流量，必须做好每家店铺的内部布局。

所谓的复制店铺就是要让每一家店铺在消费者眼中都有完美的一致性，让顾客在任何一家店都能有同样的环境感受。这就需要在复制店铺的时候做到布局科学和统一。

内部的统一主要是指装修装饰风格和主体结构的统一，需要着重注意以下几个方面：

1. 灯光

很多人对卖场灯光的理解仅限于“装饰”“照明”等方面，其实，卖场灯光的作用远不止于此，还大有潜力可挖。

商家在考虑卖场灯光的实用性之外，还可以充分利用灯光明与暗的搭配、光与影的配合、光的变化以及不同的分布来营造各种视觉空间，从而给顾客创造出一种优雅舒适的购物环境。这才是卖场灯光的关键。

那么商家该如何有效地运用卖场灯光呢?

(1) 卖场灯光的选择

在充分保障商场内的照明亮度时，如果全体照明的店内平均亮度为1，店面橱窗则为其2~4倍，店内正面深处部分为其2~3倍，商品陈列面为其1.5~2倍即可。若有需要加强亮度的地方，只要加上局部照明即可。

①整体照明

运用合理的灯光效果，可以凸显出店内商品的形状、色彩、质感，能吸引路人的注意，引导其进入店内。

鉴于此，卖场灯光的总亮度要高于周围其他建筑物内的亮度，以将店内明亮、愉快的购物环境凸显出来，一般平均照明度在300~500LX之间为宜。

②局部照明

人的视觉神经对光特别敏感，商场中各种各样的灯光效应可以让顾客对商品的注意力加大，所以在采用局部照明的时候，要着重将光束集中照射商品。

另外，还可以把形象喷绘图与装饰物作为灯光照射的选择对象。

例如，可以将橱柜里的灯光映照一些小摆设，营造光怪陆离的效果，让人眼花缭乱，为店堂烘托出一种朦胧的美感；在灯光周围放置一些盆栽花卉，透过它们的间隙打造叶影婆娑的效果，为店堂平添几分大自然的气息。顾客身处这样一个美轮美奂的环境之中，不怕他们没有购物的欲望。

局部的照明能制造出一个又一个的店内趣味中心，把平庸的角落隐没在黑暗中，让顾客从心理上产生一种“安定感”和“领域感”。若在陈列上方再适当地布置一些五颜六色的灯光，也能刺激消费者的购买

欲望。

③橱窗照明

橱窗灯光的亮度必须比卖场的高出 2～4 倍，但不宜使用太强的光，灯色间的对比度也不宜过大，光线的运动、交换、闪烁不能过快或过于激烈。

橱窗陈列的目的是要强调商品的特色，所以最好采用一些光源隐蔽，色彩柔和但又富有情调的照明设施，如下照灯、吊灯等；而要避免使用过于鲜艳、复杂的色光，不然就会造成喧宾夺主的后果。

（2）光源的位置

处于不同位置上的光源会让商品给人不同的感觉，从斜上方照射下来的光，会让商品有如放在阳光下一样，这时候商品能给人一种极其自然的感觉；从正上方照射下来的光，能制造出一种特异的神秘气氛，使商品充满诱惑力；从正后方照射下来的光，能让商品的轮廓更加鲜明；从正下方照射出来的光，会在人的心里造成一种受逼迫的感觉，使人产生危机感；而从正前方照射的光，不能起到强调商品的作用。

因此，根据商品的不同可以使用不同位置的光源反应其陈列效果，我们就可以选择相应的灯源位置，比如说高档、高价产品适合于装置于正上方的光源，需要强调商品外形，以及远离橱窗位置的商品适用于装置于正后方的光源等。

在前面所介绍的位于不同位置的光源中，最常用的、也是效果最理想的是“斜上方”和“正上方”的光源。

要想发挥出灯光效应的最大作用，还有一个工作不得不做，那就是对于旧灯具要常换常新，要知道哪怕是更换一个壁灯，或者是改变一个吊灯灯罩的色彩，都可表现出与过去完全不同的气氛。

（3）灯光照明的方式

在整体照明方式上，要根据店铺的具体条件来进行配光。一般而言，白炽灯光线耀眼而热烈，荧光灯光线柔和而恬静，多数商店都是两者并用。

如果考虑到商品的色彩，冷色系如青色、紫色等用荧光灯效果要更好，而暖色系如橙色、红色等用白炽灯更能突出商品的鲜艳。在服装、化妆品、蔬菜、水果等商品的陈列中，使用白炽灯、聚光灯能很好地突出商品的色彩，营造出一种繁华气氛。

在灯光的具体使用上，有以下几种方式可作为参考：

①定向照明。采用制作的灯光设备，将灯光定向投射，以引导顾客视线。

②集束照明。采用几组灯光交叉射向某处，利用灯光交叉形成的视线焦点突出商品。

③彩色照明。利用彩色灯泡或彩色光片制造出不同色彩的灯光，让顾客对商品产生一种鲜艳夺目的感觉，诱发其购买欲望。

（4）防止灯光对商品的损害

如果灯光对商品的照射时间过长或者过于强烈，有可能导致商品受到照射的部分发生褪色或变色的现象，这样不仅让商品失去了销售的机会，同时也会让卖场的信誉度大打折扣。

因此，为防止这类事件的发生，就需要卖手在平时多留意以下事项：

①为了避免光线的热量过高、灼烧商品而导致褪色、变质，商品与聚光性强的灯泡之间的距离不得少于30厘米。

②要经常查看与商品有关的资料、印刷品等是否有褪色和卷曲的现象，如有，要及时更换新品。

③由于食品在短时间内容易变色、变质，为了保证食品的质量，要远

离电灯。

④对于逐渐暗淡的灯具要提前更换，避免因更换不及时造成的局部灯光缺失的现象发生。

2. 色彩

消费者进入商店最先感受到的就是商店的色彩，精神上的舒畅与否与色彩有着密切的关系。拥有一份好的心情，是推动购物欲望的基本因素，因此如何让顾客的眼睛大放“光彩”是一项十分重要的工作。

在商店内部对各种各样的色彩进行恰当的运用和组合，调整好店内环境的色彩关系，对构建一个良好的购物空间能起到积极的作用。

不同的色彩所带给人们的视觉感受是不同的。在对店内空间进行色调的处理时，应把握好色泽的类别、深度和亮度，并结合不同的环境如季节环境、店铺环境等诸多因素作出相应的调配。

在寒冷的冬季，红色、橙色等暖色调的颜色会给人带来温暖感觉，而蓝色、绿色等冷色调的颜色则会在夏季带给人们丝丝清凉。对于店堂是狭长型的店铺来说，将两侧的墙壁采用冷色调，靠里的墙壁采用暖色调，就会清除因店堂不够宽敞而带给人的促拥感。相反，对于短而宽的店堂来说，将两例的墙壁采用暖色的涂料，而里面的墙壁采用冷色的涂料，就能给人以店堂变大的印象。

巧妙利用色彩，不但可以刺激视觉，提升店面层次，而且还能起到“5 秒钟商业广告”的作用。经过实践证明：顾客在超市里用大约 25 分钟的时间浏览 5000 多种商品，其中最能吸引顾客购买的因素是商品的色彩。

通过对不同的色彩进行组合，可以表达出不同的情感和气氛。对比色的组合，如红与白、黑与白、蓝与白的组合可以传递出一种“和谐美丽”

的气氛；同色系但是不同深浅度的颜色组合，如紫蓝色与浅蓝色、深花色与浅褐色、绿色与浅白绿色，黄杨色与浅驼色的组合可以表现出一种“优雅与稳重”的气氛等。除此之外，色彩的对比与组合不同，商品及广告文字的醒目程度也会不同。

通过对色泽深浅度的不同选择，也能让店内的许多实物设施产生崭新的、更加吸引人的视觉效果。通常来讲，淡一点的颜色能对人的视觉产生一种放大的效果，相比浓一点的颜色所产生的效果则正好相反。

在对店堂进行装饰的时候，一般用较浓的暖色调（如棕色）作为窄墙的基本色，用较淡的冷色调作为宽墙的基本色，都能创造较好的视觉效果。较浓的颜色对顾客具有较强的吸引力，而偏淡的中等色调（如灰色）能带给人一种温暖、柔软的感觉，所以常常被用作固定设施的颜色，同时也保证了这些设施能与商品较为紧密地结合在一起。

对色泽亮度的不同选择，也会从一定程度上让顾客对实物的大小产生错觉。如明亮的颜色能让人感觉到实物的硬度，偏暗的颜色则能让人感觉柔软。通常在儿童用品部多采用明亮的颜色，而在成人商品部多用柔色调。

3. 背景音乐

音乐对人的情绪有着很大的影响，有的心理学家认为：“贝多芬的音乐使愁苦人快乐、胆怯者勇敢、轻浮者庄重。”每当听到优美的音乐或是听到与自己的情绪完全合拍的音乐时，人们会感到内心无比的舒畅，而音乐对于商品的销售同样具有重要的作用。

有人通过对商铺背景音乐的研究表明：拥有背景音乐的零售店，顾客的光顾频率会增加 15%；当店内的音响强度过高时，顾客在店铺的逗留时

间将减少；与节奏快的音乐相比，舒缓的音乐能使商店的销售额平均增加 30%。

前面我们提到，音响的合理运用对营造店铺氛围既能产生积极的影响，也能产生消极的影响。合理的音乐设计会给店铺带来好的气氛，当音乐变成了噪声，就可能使卖场产生不愉快的气氛。

因此，在选择背景音乐时，一定要根据时间来合理搭配音乐的种类：上班前，可以先播放几分钟幽雅恬静的乐曲，等到正式上班时再播放节奏快一点的、可以振奋精神的乐曲。当工作进行了一半，员工因为紧张工作而感到疲劳时，可选择播放一些具有安抚性的轻音乐，以松弛紧绷的神经。在临近营业结束时，音乐的播放次数要频繁一些，乐曲要选择一些明快、热情，带有鼓舞色彩，能使员工全神贯注投入到全天最后也是最繁忙的工作中去。

另外，背景音乐要与店铺的风格相适应，现代风格的店铺应当选择一些当下流行并富有节奏感的音乐，儿童用品店的背景音乐应选择节奏欢快的儿歌，高档饰品店为了表现其幽雅和高贵的特点，可选择节奏舒缓的轻音乐。当商品处于热卖之中时，选择热情、节奏感强的音乐，会让顾客产生购买的冲动。

第二节　外部设计：线下店铺要协调一致

复制店铺时，外部的装饰装修也必须协调一致，有统一的标志和统一的风格。

在这里特别需要注意的是橱窗和海报的陈设问题。

1. 橱窗

橱窗是一种通过以商品为主体，背景为衬托，同时配合各种艺术效果对商品进行宣传和介绍的综合性的艺术形式。

（1）橱窗的作用

一个主题鲜明、风格独特的橱窗，不仅能改善卖场的整体形象，同时对顾客的购买行为也能产生一定的促进作用，这种作用主要体现在以下几个方面：

第一，通过橱窗陈列的商品一般都是店铺着重推荐的商品，店铺会根据目标顾客的需求、季节的变化等因素，把畅销品和新品摆放在最显眼的位置上。

这样做有两方面的好处：首先，能让经营项目在顾客的心中形成一个较好的整体形象；其次，能带给顾客新鲜感和亲切感，吸引他们对卖场的关注度，进而激发他们的购买兴趣。

第二，拥有浓郁民族风格和时代气息的橱窗装饰，不但可以让顾客对专卖店有一个良好的印象，还会引发他们对事物的美好遐想，进而提高其购买欲望。除此之外，橱窗还能直接或间接向顾客发出商品质量可靠、价格合理等信息，从而提高顾客选购商品的积极性，增强其购买的信心，促使其及早做出购买决策。

第三，有人将橱窗比作是店铺的“眼睛”，店面这张脸是否能吸引顾客的眼球，这双“眼睛”具有举足轻重的作用。橱窗是一种艺术的表现，更是一种吸引顾客的重要手段。

（2）橱窗陈列的类型

既然橱窗如此重要，怎样才能发挥橱窗的最大效果呢？

与其他各种各样的媒体广告相比，橱窗广告的主要特征是真实性，它以真实的商品为主体，向顾客作出最直观的展示，所以能直接引起顾客的注意，激发他们的购买兴趣，促进其作出购买决策。橱窗广告不仅对商品起到了宣传作用，在招揽顾客、扩大销售以及美化商店等方面也都发挥出了举足轻重的作用。

橱窗陈列主要有以下几种类型：

①系统式橱窗陈列

如果店铺拥有较大的橱窗面积，则店铺可以依照商品不同的类别、性能、材料、用途等标准，将商品组合陈列在一个橱窗内。其布置方式可具体分为四种：

同质同类商品橱窗。即将同一类型、同一质料所制成的商品进行组合陈列，如不同品牌的冰箱、自行车的橱窗。

同质不同类商品橱窗。即将同一质料，但是不同类别的商品进行组合陈列，如牛皮鞋、牛皮箱包等组合的牛皮制品橱窗。

同类不同质商品橱窗。即将同一类别，但是分别用不同原料制成的商品进行组合陈列，如用牛仔服、运动装、针织衫等组成的服装类橱窗。

不同质不同类商品橱窗。即将不同类别、不同制品，但是却有相同用途的商品进行组合陈列，如乒乓球、网球、排球、篮球等组成的运动器材橱窗。

②特写式橱窗陈列

特写式橱窗陈列是指在一个橱窗内，同时采用多种艺术形式和处理方法集中介绍某一零售店的产品。这类橱窗主要用于新产品刚上市的时候，此时消费者对此类商品了解并不深刻，商家为了突出新产品的特点并较全面地推荐新产品，就有必要将其在一个橱窗中单独陈列出来，为消费者作出一个系统、全面的介绍。此种陈列方式分为两种：

第一种，单一商品特写陈列。即在一个橱窗内只陈列一件商品，以实现重点推销该商品的目的，如只陈列一台电冰箱或一架钢琴。

第二种，商品模型特写陈列。即将陈列的商品用模型代替实物。一般在陈列商品体积过大或过小时，多采用此种陈列方式，如汽车模型、香烟模型橱窗。另外一些易腐商品也适用于此种陈列方式，如时令水果、海鲜等商品。

在运用特写式橱窗陈列的时候，必须对橱窗中陈列的物品进行重点渲染、衬托，集中表现某一厂家的单一牌号的一种产品或某一牌号的系列产品，以实现重点展示，树立品牌形象的目的。

③专题式橱窗陈列

专题式橱窗陈列是指针对某一专题，组织一些专用商品或不同类型的商品，置于一个橱窗内进行单独陈列，向顾客传输一个单独的诉求主题橱窗的布置形式。例如妇女、儿童、体育等专用商品陈列。

专题式橱窗陈列一般以一个特定环境或特定事件为中心，把相关商品组合陈列在一个橱窗内。具体可分为三种类型：

第一种，事件陈列，即以某项社会活动为主题将关联商品组合陈列的橱窗专题。

第二种，节日陈列，即以庆祝某个节日为主题组成的节日橱窗专题。

第三种，场景陈列，即根据商品的用途，将有关联性的多种商品在橱窗中设置成特定场景加以陈列，以诱发顾客的购买行为。

专题式橱窗陈列不仅能够直观地反映出设计者的创意思想，同时能够增强顾客对商店的好感。在进行专题式橱窗陈列的时候，为了主题反映的需要，商家可能会同时采用多种商品，这很可能会让顾客产生眼花缭乱的

感觉，专题式橱窗布置就可以很好地解决这一难题，从而更好地实现宣传效果。

④说明性橱窗陈列

说明性橱窗陈列，主要是通过展示写有关于商品的介绍性文字的卡片或商品照片。随着科学技术的不断发展，有很多的新产品被开发出来，紧接着的就是要做新产品的市场推广，其上市速度要远远超过人们对它的了解程度。如果采用写有商品特点、性能、使用方法的说明卡或者是写实照片，加快消费者对新产品的了解，就能比较容易达到诱发消费者购买欲望的目的。

⑤季节性橱窗陈列

季节性橱窗陈列，是指根据季节的变化把应季商品集中进行陈列，以满足消费者应季购买的心理特点。这种橱窗陈列，对商品的销售量具有很大的提升作用，但在应用过程中需要注意一个问题：季节性橱窗陈列必须在换季之前的一个月，就要预先陈列出来，并向顾客进行推广介绍，这样才能起到应季宣传的作用，否则达不到宣传的效果。

⑥综合式橱窗陈列

综合式橱窗陈列，即是将许多不相关的商品综合陈列在一个橱窗内，以组成一个完整的橱窗广告。但这种橱窗布置由于所陈列商品间的差异较大，所以在设计的时候一定要谨慎。

综合式橱窗布置主要有以下三种形式：

第一种，单元陈列：是指用分格支架将商品分别集中陈列，以便于顾客分类观赏。这种形式多用于小商品的陈列。

第二种，横向陈列：是指将商品分组横向陈列，以引导顾客遵从某一特定顺序，比如从左向右或从右向左对商品进行观赏。

第三种，纵向陈列：是指将商品按照橱窗的容量大小，纵向分布成几个部分，前后错落有致地进行摆放，方便顾客从上至下依次观赏。

（3）橱窗布置的要点

前面对橱窗陈列的类型进行了介绍，在具体的布置过程中又有哪些要点呢？

①选择一个适宜的高度

一般橱窗布置以橱窗横度中心线与顾客的视平线等高为标准，此时整个橱窗内所陈列的商品都会呈现在顾客的视野中，不会导致某一商品因为位置过高或过低而被顾客所遗漏。

②注意整体布局的协调性

橱窗的设计不能影响到整个店面的外观造型；橱窗的面积大小应该与商店的整体规模相适应；橱窗的高低疏密要均匀，色彩搭配必须适中。商品的陈列数量要适宜，以顾客从远处近处、正面侧面都能看到商品全貌为标准。

③能表现橱窗诉求主题

在采用橱窗陈列的时候，应先确定陈列的主题，不管是多种多类，还是同种不同类的商品，均应进行系统的分种分类，依主题而陈列，必须做到让人能一目了然地看到所宣传介绍的商品内容。

④能反映出经营特色

橱窗中所陈列的商品要有真实感，即这些商品必须是本商店有售的，且能充分体现本店特色的畅销商品，这样才能使顾客看后增强对商品的信任度，进而产生购买商品的兴趣。

⑤保持橱窗的整洁

橱窗要经常打扫以保持清洁，尤其是食品类的橱窗。在橱窗的设计中，还必须考虑到防尘、防热、防淋、防晒、防风、防盗等因素，要采取相关的保护措施。

⑥陈列商品的更换要及时

橱窗陈列需要经常进行更换，尤其是有时间限制的宣传，以及容易变质的商品要特别注意。每个橱窗在进行更换或重新布置时，要停止对外宣传，更换必须在当天完成。

⑦艺术感和生活感并重

橱窗的实质就是生活化的艺术品陈列室，所以在展现商品的外观形象和品质特征的同时，也需要通过一些具体的生活画面，让消费者产生一种身临其境的感觉，并产生模仿心理，最后实现扩大销售量的目的。

2. 海报

一张好的海报，就像是一位尽忠职守、默默奉献但又不计报酬的优秀推销员，只要善加运用，就可以让它清楚而完整地传达出每位顾客所需产品的诸多信息，如销售价格、使用方法等，减少了卖场在人力、财力、物力等方面的额外支出。

另外，海报广告的操作更加方便。根据商品的大小、结构和设计的不同，海报广告可以根据需要以悬挂、堆放、粘贴、放置走道旁或卖场的任何地点进行陈列展示，但不管采用的是何种形式或技巧，海报广告永远能向消费大众最直接地传达出商品的销售信息：就是这里！就是现在！买它吧！

（1）海报广告的作用与特点

海报广告所反映出来的商品信息简单、明了，符合广大现代消费者的消费习惯，因此它在现代商业活动中所发挥的作用越来越大。

海报广告可以诱发消费者的购买冲动，扩大零售店的营业额，促使消费者与零售店之间形成良好的互动关系。配合时令推出适合于节庆的海报广告，可以提升零售店在消费者心目中的信誉度。海报广告可以代替卖手对商品使用方法与特征进行口头说明，让消费者对商品信息的了解更加方便、快捷，快速、机动展现其他媒体传播无法表现的长处。零售店可对促销商品及时开展海报广告宣传，以减少卖场在人力、物力、财力等方面的支出；将新商品的上市和广告活动等讯息，及时传达给消费者，吸引消费者对商品的注意。

海报的功能决定了海报的相关特点：

①必须具有很强的时效性。海报必须紧随商家的计划随时进行变化。

②形式必须美观。海报的设计必须能吸引顾客的注意力，这是加大商品对顾客吸引力的前提。

③海报内容要富于创意。只有富于创意的内容，才能真正实现刺激消费者购买冲动的目的。

④海报的制作成本要低廉。一般而言，为了加大海报的广告效应，海报在卖场的应用量会很大。只有在保证海报制作成本低廉的前提下，才不会影响到它的使用量。

（2）海报分类

①店面宣传海报

店面宣传海报的作用通常是为了吸引顾客的注意力，烘托卖场气氛，告之顾客促销活动内容等。

这类海报必须与店外装饰相配合，以共同起到营造热卖氛围、吸引路过顾客的作用。

比如一些商场通过甩卖通知海报、抽奖活动海报等，将本店的销售信息（如商品种类、特价商品的价格等）直接告诉给顾客，就如同催促顾客快来购买一样。

通过这种海报宣传，从心理上给顾客造成了一种比较容易进入、价格低廉、有便宜可占的感觉，刺激他们的购买欲。

②店内宣传海报

此类海报宣传又可分为区域性宣传海报和店内宣传单两种。区域性宣传海报主要是针对某个特定区域内的促销宣传；店内宣传单则是在店内使用的小型 DM 单，常用于配合具体的产品、活动，也可以将多张组合后张贴，以烘托室内的销售气氛。

这种组合宣传单多贴于主通道或顾客不易错过的地方，如电梯口、顾客必经的通道口等，以方便顾客随时取阅，但一般不在店内派人分发。

在运用室内宣传单的时候，要标明主打商品、特价商品的促销活动细则。除此之外，还要注明这些商品在卖场的具体位置，方便顾客找到。

③引导型海报

引导型海报分为引导顾客海报与商品选购海报两种。引导顾客海报通常起到指引顾客卖场行走路线的作用，多用于指引收银台位置、服务台位置、包装区位置、卫生间位置等。

商品选购海报就像是一名无声的卖手，通常是垂挂于天花板下，便于顾客以最快的速度找到自己想要的商品。

④商品海报

商品海报是对商品价格、特性等的指示说明，包括商品标价牌、特价商品海报、畅销商品海报、推荐商品海报、滞销商品海报等。

标价牌上的信息包括商品信息、生产信息，标价牌最主要的作用是根据商品的特点及促销的重点突出其卖点。

特价类商品因其毛利率低，促销并不是为了提升销售量，而是通过它来聚集人气，烘托卖场气氛，所以这类商品的海报要尽可能做得大一点、多一点，但一定要突出重点。

推荐商品及畅销商品要获得盈利，在考虑其价格因素的同时也要考虑其品质因素。因此这类海报除了要阐明商品品质优秀的特点外，在价格的设置上也要满足消费者的心理。通常的做法是将商品的原价划去，再在旁边写上现价或节省的百分比。

滞销商品海报也即甩卖海报，一般海报上的内容主要是写明甩卖的原因，以增强消费者对商品的信任度。

（3）手绘海报广告的制作

手绘海报广告是卖场经营者为了实现商品的促销目的，自己设计制作的一种海报。这类海报的特点是操作简单，但在制作过程中，还是要遵循一定的原则，那就是海报要醒目、简洁、易懂。

醒目，主要是指对于纸张色彩的应用要恰到好处，要突出季节感，如万物复苏的春天，可以使用活泼的粉色调；烈日炎炎的夏天，可以使用清爽的蓝、绿色调；硕果累累的秋天，可以使用厚重的橙、黄色调；寒冷的冬天，则可以使用热烈的红色调。

简洁，主要是指书写海报的字体一定要极具亲和力，字体的颜色搭配要合理，所选字体的大小及颜色轻重要与促销活动的重点一致。

易懂，主要是指海报的内容要简洁易懂，能够直接反映商品特性、用途。

（4）海报广告的设置与摆放

海报广告的摆放位置是否科学，将直接影响其使用效果。在海报广告的设置过程中需要注意以下几方面的问题。

①高度合适

对于张贴式的海报，其张贴高度在距离地面 70～160 厘米的高度范围

内比较合适；悬挂式海报，以其悬挂高度不会因为距离商品太远而影响促销效果，没有遮挡消费者的视线为标准。

②摆放合理

如果选择将海报广告放在橱窗或者货架上，则要避免广告遮住商品；如果是将海报广告直接贴在商品上，要注意海报广告的尺寸不能超过商品的大小，而且广告一般要粘贴在商品的右下角。

③数量适中

海报广告的数量并非越多越好，过多的海报广告会让人产生压抑感，不仅会遮挡通道内的消费者视线，严重的还会影响到消费者的购物心情，产生适得其反的效果。

④时间恰当

海报广告的设置时间要与促销活动时间相一致。过期的海报广告要及时清理掉，以免给消费者造成消费误导。

⑤及时更新

海报广告在使用过程中要时刻保持清洁与整齐，如果有撕毁或破损现象，要及时更换。

第三节　货品陈列：线下店铺要井然有序

所谓的货品陈列，就是指在店铺里，将顾客感兴趣的货品摆放在最佳的位置，以尽可能地增加销售机会，提高店铺的销售业绩。据调查，大部分的顾客表示，是货品陈列吸引他们前来购物的，只有很小部分的顾客表示，商品陈列无关紧要。

可见，店铺货品陈列的重要性。那么，店铺应该如何陈列货品呢？

1. 货品陈列的原则

在现实生活中，我们经常会发现在同一条街上，经营同类商品、规模相当的店铺，他们的生意量却截然不同，除了经营上的问题，很大程度上和店内货品的陈列有关。有效的货品陈列可以达到展示货品，方便顾客购买的目的，还可以引起顾客的购买欲并促使其采取购买行动。

韩国朴秀秀国际集团有限公司拥有100多年历史，拥有遍布全球的一百多家分支办事机构以及一万余家终端店，作为饰品店，其成功除了经营有方，主要在于饰品陈列规范和时尚美，吸引了众多爱美女性的青睐。它的陈列技巧和实战经验非常值得中国商家借鉴。

"朴秀秀"饰品的店面陈列通常遵循如下原则：

（1）关联陈列原则

朴秀秀饰品店将用途相同、相关或类似的商品，集中陈列，以凸显出商品群的丰厚的气势。朴秀秀饰品加盟连锁店同一个价位的挂饰和首饰通常等级距离很近，基本就在同一个展示列上，消费者选到自己喜欢的挂饰的同时，同时就能够选到价格和审美上自己能够接受的其他首饰。

（2）比较陈列原则

朴秀秀饰品加盟连锁店把相同商品按不同规格、不同数量予以分类，然后陈列在一起，相同或类似的东西放在一起，以产生"量"的概念。

比如将彩钻发夹放在一起，白钻发夹放在一起，而不是将白钻、彩钻混在一起；将一百元以上的项链放在一起，五十元以下的放在一起，而不是将它们混在一起。这样才能保证既达到促销目的又保证店铺的盈利。

(3) 展示适量原则

通常，朴秀秀饰品特许加盟连锁店饰品陈列完成时，会有意拿掉几件商品，即方便顾客取货，又可显示产品的良好销售，并且保证每个商品的价格标签准确无误、清楚明白，方便消费者衡量是否购买商品。

随着新品的推出或促销方式的改变，饰品的陈列位置应定期调换，以增加顾客的新鲜感并延长滞留店面的时间，增加选购的概率。

对于朴秀秀饰品店的商品陈列方面，总部还为各个加盟连锁店制定了统一的商品陈列规范，这不仅可以增加消费者对朴秀秀加盟店的整体印象感知，增强消费者对朴秀秀品牌的认可度，树立起朴秀秀的店面形象和品牌形象，也吸引了更多顾客的购买，加速商品周转，使朴秀秀饰品加盟店迅速实现盈利。

从上述案例不难看出，卖场的布置或陈列，不仅会改善店铺的形象，使店面外观趋向多彩多姿，还会赢得更多顾客的青睐，有促进销售的效果。

2. 货品陈列布置的技巧

店铺货品陈列技巧对于货品的销售有着不可替代的作用，它是从空间、心理等多方位、多角度促进顾客的消费行为，是店铺经营体系中不可缺少的环节。

一般来说，货品陈列要做到突出货品的美感，陈列方式要符合货品的性质，陈列效果要兼顾不同视觉角度，疏密层次安排合理，利用道具、灯光加强陈列效果。

有一家生产指甲剪的老板最近很着急，他们生产的指甲剪一直卖得不错，但新进的卡通指甲剪却卖得很不好。卡通指甲剪，专门提供给儿童用，指甲剪上的卡通形象，都是孩子喜欢的流行卡通人物和小动物。

该老板也知道卖不好的原因，卖场将这些指甲剪陈列在五金小商品的货架上，那都是成年人光顾的货架，他们可不喜欢卡通的指甲剪，认为那顶多是一种玩具。

老板一直都和卖场交涉，要求改变陈列位置，放到儿童商品的货架中去，卖场经理就是不答应，理由是卖场规定商品一定要根据品类陈列，不能随便想放哪儿就放哪儿。指甲剪是五金类，必须同五金类产品一起，不管是成人用的，还是儿童用的。也就是说指甲剪要放在儿童陈列区是不可能的！

"六·一"儿童节快到了，卖场要抓住孩子们的节日做促销，其中也包括根据儿童喜好特征重新进行卖场陈列，尽量将与儿童有关的产品陈列到儿童商品区。

指甲剪老板知道后，让业务人员找卖场经理恳谈。卖场经理答应了，因为这与卖场规定不违背，这样的顺水人情，不做白不做！

结果可想而知，卡通指甲剪卖得很好，是过去销售量的很多倍。"六·一"促销活动过后，老板亲自出马，借卡通指甲剪卖得很好的时机说服了卖场经理，以后他的卡通指甲剪就放在儿童商品区了。

从上述案例可以发现，对于卖场销售来说，根据时机的不同进行陈列调整，会起到意外的效果。节日、事件等足以调动起消费者或部分消费者购买欲望的机会，都可以成为时机。所谓时机，最大的特点就是可以锁定细分消费者，最好地将产品贴近消费者，吸引消费者眼球。这些是很多商

家都熟知的，他们甚至会制造一些时机。

拥有成功活泼的货品陈列术与创造一个舒适的购物空间，都是提升业绩的间接做法，而货品陈列是大有方法可循、大有技巧可言的。

（1）根据货品销售现状调整陈列

定时研究近期推展的重点是哪些货品。通过分析货品的销售状况，确定畅销货品、滞销货品、新货品、特色货品、季节货品、高利润货品等，以综合考虑确定货品的位置，再根据货品的特点设计陈列形式。

（2）根据店铺活动主题调整陈列

在庆典、节假日、季节变化等时间节点，店铺可适当组织促销活动。为配合店铺的总体促销活动，可通过陈列制造促销的环境与气氛。节日是店铺促销的极好机会，通常店铺都会营造节日气氛，在货品陈列上加以配合，选择有关的货品，进行独特的陈列布局和陈列造型设计，常常会收到很好的效果。

（3）根据季节的变换调整货品的陈列

季节对于货品陈列影响很大。因为即使再好的产品，如果与季节不相适宜，也必然会滞销。所以每逢换季期间，商家往往会将要过季的货品进行大量陈列，并配以令人心动的促销价格，以加快货品的销售。

季节的变化对顾客的购买行为影响很大。尤其是服装、空调等季节性很强的货品更是如此。在季节变化时，顾客的购买力常常增大，季节性货品陈列应该走在季节变化的前边，及时把适合季节的销售货品早早放上柜台，将过季货品撤换掉。因此，率先布置出一个充满季节感的陈列是必要的。

（4）陈列时色彩要统一

色彩是表达货品陈列思想内容和形象的重要因素。要恰当地选择货品背景的颜色，使之能将货品衬托出来，同时显示货品的形状、质感、颜色、装饰风格等特点，使货品能激发顾客的购买欲。

货品陈列色彩过于贫乏、缺少变化，会令人感到单调无味，而降低顾客的兴趣，达不到陈列的目的和要求。但设计者如果为了色彩多变，仅注意了局部的颜色效果，而忽略了整体的颜色效果，会造成整体颜色互相分离，杂乱无章。所以，货品陈列中要注意整体色彩的统一。

对于店铺经营来说，货品陈列是一项很重要的工作。良好的货品陈列不仅可以方便、刺激顾客购买，而且可以提高店铺的形象。

3. 货品陈列的基本方法

调查显示，有70%的顾客逛卖场不知道要买什么，随机购买者占多数。顾客一般在售点平均逗留时间为15分钟，75%的消费者是在5秒钟内决定是否购买的。顾客在每一货品前的驻足时间不会超过2秒钟，能否在2秒种的时间内吸引住顾客注意力，是实现销售的关键。由此可见，货品生动化陈列对于销售的重要性。

一般来说，良好的货品陈列可以起到良好的视觉效果，刺激顾客眼球与感官，带动销售。因此，陈列也要讲究方法。

有一家便利店，老板最近进了一批酒瓶启子。虽然这种货品利润相对较高，但他原本并不想卖这个产品，可总是有人到店里来问，不能没有，所以他就进了一些，这样既方便顾客，自己也可以多挣点钱。

把酒瓶启子摆放在哪儿合适呢？

一开始，店老板将这些酒瓶启子放在一个角落里，如果有人来

买，就指给别人看，卖得十分缓慢，他也不太在意，因为他也没指望这东西来挣钱，卖一个便宜一个。

后来，酒瓶启子的业务员巡视终端，看见了该老板的陈列，给他出了个主意，说："你把酒瓶启子放在你出售的酒旁边试试，我敢保证你的酒瓶启子的销售量肯定会是以前的几倍，而且根本就不会占多少地方。"

店老板不信，但又觉得这位业务员说得也有些道理，于是决定试试，即使卖得不好又没有什么损失。结果正如那位业务人员的预料，酒瓶启子的销售量成倍上升，店老板心里乐开了花，没想到把酒瓶启子换个地方摆放，销售情况就大大不同。

令他纳闷的是，有人购买酒瓶启子一次买好几个。于是他问这些顾客买那么多做什么用，顾客的回答很简单：做得这么漂亮，款式又多的酒瓶启子，可以挂在冰箱上当装饰品呀。店老板恍然大悟。

可见，不同的陈列可以带来不一样的盈利。这个案例也告诉每一位店铺经营者，要注重货品的陈列，掌握一些陈列的方法和技巧，以吸引顾客的关注。

据调查，好的陈列和差的陈列，对销售额的影响至少相差一倍以上。那么，店铺的货品陈列有哪些方法技巧呢？

（1）分层陈列法

分层陈列法主要用于柜台或柜橱陈列，是指陈列时按柜台或柜橱已有的分层，依一定顺序摆放展示货品。分层摆放时一般是根据货品本身特点、售货操作的方便程度、顾客的视觉习惯及销售管理的具体要求而定。

（2）悬挂陈列法

悬挂陈列法主要用于纺织服装或小型货品陈列的方法，指将货品展开悬挂、安放在一定或特制的支撑物上，使顾客能直接看到货品全貌或触摸到货品。

悬挂陈列法的使用一般可分为高处悬挂和销售悬挂两种。前者是指在柜橱上方安放各种支架或展示网悬挂货品，大多属于固定陈列的一种，较少用于直接销售。目的是使顾客进店后从较远的位置就能清晰地看到货品，起到吸引顾客、烘托购物环境的作用，后者是用于敞开售货。悬挂的高度一般是以 1.5 米为中心上下波动，这是中国顾客选购、平视浏览和触摸货品的正常高度。

（3）分类陈列法

即根据货品的档次、性能、特点等分类排列，展示某类货品有代表性的特点。这种方法有利于消费者比较和挑选货品。

（4）组合陈列法

组合陈列法是按顾客日常生活的某些习惯，把相关的一类货品排列在一起的方法。所谓相关货品，指的是互补性货品、替代性货品、连带性货品等，这样往往能给顾客以真实、熟悉和贴切的心理感觉。这种方法既方便了消费者购买，也扩大了销售。

（5）逆时针陈列法

据有关的调查显示，大部分顾客逛商店时总是有意无意地按逆时针方向行走，根据这一习惯，商店在摆布货品时，应该尽可能按照货品的主次按逆时针方向排列。

（6）堆叠陈列法

堆叠陈列法是将货品由下而上罗列起来的陈列方法。一般用于货品本

身装饰效果较低，又是大众化的普通货品。堆叠的作用是用数量突出货品的陈列效果，比如，一些书城就常用推叠法来摆放畅销、热销图书。

（7）专题陈列法

专题陈列法也称主题陈列法，即结合某一事件或节日，集中陈列有关的系列货品，以渲染气氛，营造一个特定的环境，以利于某类货品的销售。

（8）叠钉折法

叠钉折法主要用于纺织品等“软型”货品的一种陈列展示方法，是指利用某些货品本身形体性不强的特点，将其折叠或摆放成各种形状，用大头针和钉子固定在立式板面上。如将手帕、餐巾折叠成盛开的花朵或飞翔的蝴蝶，再配以适当的背景画，一般能产生较好的艺术效果。

（9）墙面陈列

墙面陈列最容易诱导顾客进入店内，如将服装、乐器、小饰品、帽子、皮带、皮包等货品组合在一起，固定陈列在墙壁上，不仅可强调货品的立体感、丰富感，还可使本来很一般的墙壁散发出个性的魅力。

陈列并不只是摆放货品，而是一种管理，是对店铺货品所做的陈列管理。产品的陈列设计与市场销售是紧密关联的，而其间最重要的一条，就是陈列设计无论多么有创意，都需要能够吸引消费者走进店铺，带动销售。

| 第四章 |

线下连锁店铺，复制规范的货品管理制度

第一节 O2O[①] 时代，门店经营的提升之道

在互联网营销盛行的今天，电商网店与传统连锁门店并存的零售环境下，传统连锁门店的集客方式、销售技巧、顾客管理、货品管理以及连锁门店赢利模式等发生了巨大的变化，作为连锁门店的资深店长、运营总监，你是否遇到以下头痛问题：

电商时代，线上营销与线下门店如何结合，快速提升业绩？

如何提升店面各岗位营销技能以提升促成率？

如何创新 VIP 顾客管理，激活“睡美人”？

如何通过促销活动营造门店营销气氛？

如何让店长快速学会连锁门店数据分析工具，看懂财务报表，主动解决经营问题？

带着这些问题，我们先来看看货品管理。

线下开店铺，当然是能获取越多的利润越好。可惜的是，街面上店铺

---

① 从线上到线下

无数，其中大多数都是惨淡经营，真正能获取巨大利润的商铺只是少数。为什么同样是开商铺，结果却有着两种截然不同的情况呢？引起这一差别的主要原因除了所销售的商品不同之外，还有店铺的管理者注重商品管理的程度，以及所采取的管理方法不同。

张先生在南方某城市居住近5年，一直在该市某大型超市工作。该超市生意一直很红火，张先生见此情景，在心里也盘算着回到老家后开一家这样的超市，于是就留心学习。

当他觉得自己学习得差不多时，就辞职回了老家，通过银行贷了款，选定了店址，开起了自己的超市。

毕竟张先生有一定的实践经验，超市开张之后，生意还不错。可惜的是，没过多久，问题就出现了，有些货品完全卖不动，有的却老是缺货，还有的是一些商品在质量上出现不同层次的问题……

如此一来，不仅仅生意呈直线下降，就连资金周转都出现了问题。面对此情此景，张先生感到手足无措，隐隐之间觉得自己开店铺是不是打错了主意。

上面所说的张先生，是不是真的如同他所怀疑的那样，开店铺是一个错误的选择呢？其实，真正的问题并不在于他选择错误，而是他在经营的过程之中，缺乏有效的商品管理。这也是许多的店铺经营者开设店铺难以做好的一个主要原因。

对任何一家店铺来说，无论做什么样的业务，没有管理是不可能做好的，特别是对商品的管理，直接决定了店铺经营的优劣。

那么，在现实中，店铺经营者如何才能做好这一方面的工作呢？这确实是一个值得思考的问题，也是任何一个想要将店铺经营好的经营管理者所不能规避的问题。

新兴商铺的朱先生是一个有想法、有野心的人。虽说他现在的生意还算不错，但是他的理想是，在现在所生活的城市较为繁华的地段开上5家相同的店铺。但是，怎么才能将这一想法变为现实呢？

朱先生不断地在学习，并且寻找更好的方法。有多年从业经验的他，意识到商品是店铺利润的根本，要想开5家类似现在这样规模的店铺，就必须加强对商品的管理。于是，他制订出一套方案，从进货到积压货品的处理，都列出一条条的明文规定，并且颁布下去。

在开始的时候，员工有所不解，认为开店铺就是进货卖货，用得着这么复杂吗？每每有店员提出意见时，朱先生都会语重心长地向他们解释，告诉他们这么做的好处，并说一个店铺要想有效地运营，就必须有一定的规矩和标准。

慢慢地店员们也就习惯了朱先生所设立的一些管理制度，他们也从中发现了好处，从那以后很少出现断货以及找不到货物在什么地方的事。如此一来，他们的工作变得轻松了，顾客的投诉也大量减少，而利润却在成倍翻滚。

确实，正如朱先生所说的那样，商品是店铺利润的源头。同样的道理，任何一家店铺要想获得更好的利润，就必须有一定的规矩与标准，而商品管理恰好就能有效地解决这一问题，帮助店铺消除货品堆放零乱，库房积压等方面的问题。如此一来，店铺的运营就像是一个飞速运转的轮子，资金迅速流转，不断地给店铺带来良好的经济效益。

1. 如何做好商品管理

虽说商品管理能给店铺带来如此诸多的好处，但是怎么才能落实到位

呢？这就要求店铺的经营管理者在管理的过程中做好以下方面的工作。

（1）澄清管理需求

店铺经营者应仔细看一下采购过程、存货周转情况、连锁店管理问题。如果还没有出现令你头疼的问题，说明你做得很好，也就不必做商品管理。如果你认为有问题，就要仔细分析，商品管理能帮你解决多大问题。如果结论是实质性的进步，那就继续做下面的步骤。

（2）确定效益指标

不要单单因为“商品管理”这个名词很好就决定做。先看看你想要改进哪些经营指标。

比如，目前的存货周转天数是50天，你想缩短到45天；目前的代销比例占30%，你想要压缩到20%等。

然后列出改进后可以给你带来的好处，比如，节省流动资金800万元，毛利率提高0.2%等。如果能有这样的量化经济效益指标，经营情况就可能会大大改进。

（3）需实质性投入

①时间的投入

在一两年内完成这项工作是理性的。谚云“十年磨一剑”，西方人讲“罗马非一日建成”。

如果这件事确实能给一个零售店铺的核心竞争力带来实质性提高的话，那肯定不是短期内就能完成的。

②核心决策人的投入

如果店铺的老板认为这是他手下人的工作，这件事肯定做不成。要想做好商品管理的工作，必须要核心决策人进行相应的投入，这种投入从某种意义上来说就是一种支持。

③资金投入

任何一种管理工作，都必须有足够的资金作为后盾，商品管理业不例外。如果你发现现阶段手头资金还不是非常充裕，那么不妨再等等，等你真正筹备了足够资金的时候再进行下去，这样你成功的概率就会大大提高。

④外部资源投入

店铺不可能完全靠自己的力量来完成这项工作。不妨找个咨询店铺帮助你，但你一定要确信他们懂行而又让你信得过。

最终的目的是得到你追求的成果，庆祝一下，然后，开始更高的追求。

商品管理帮助店铺减少货品堆放零乱，库房积压等方面的问题。如此一来，店铺的运营就像是一个飞速运转的轮子，资金迅速流转，不断地给店铺带来良好的经济效益。

2. 商品管理流程

有一句话说得好：找对方法做对事。对店铺经营者来说，要想使得店铺持续不断地获利，做好商品管理上的工作，就是找到了最好的方法。但是找到方法后怎样去做呢？如何有效率地去做呢？

这就需要店铺经营者熟悉商品管理的流程了。因为流程让经营管理者知道了在哪些事情应该先做，哪些事情应该后做，并且哪些事情是重点，应该怎么去做。

德国麦德龙超市集团（METRO Group），成立于1964年，以其崭新的理念和管理方式在德国及欧洲其他19个国家迅速成长并活跃于全世

界。麦德龙超市集团是世界第三大商业集团，也是欧洲最大的从事批发业务的大型连锁公司，更是《财富》杂志的世界500强企业之一。

德国麦德龙超市集团可以获得如此巨大的成功，究竟有何秘密？首先，麦德龙集团在全球范围内以食品经营为主，在确保质量和品种的前提下，坚持天天低价的经营方针。而麦德龙的价格优势，来自于从采购到销售有一套严谨的、标准化的管理程序，而这一套标准化管理顺着供应链一直延伸到供应商的供货流程。

麦德龙商城专门为供应商制作了供货操作手册，包括凭据、资料填写、订货、供货、价格变动、账单管理、付款等过程的方方面面。麦德龙通过这种规范化采购运作的延伸，把供应商纳入自己的管理体系，将供应商的运输系统组合成为服务的社会化配送系统，从而大大降低了商城的投资，实现了低成本运营。

麦德龙的经营秘诀还在于所有麦德龙的分店经营模式都一个样，麦德龙将很成功的模版复制到每个商场，包括商场的外观和内部布置及操作规则，所有商场实施标准化、规则化管理。

就像工厂的机械化操作一样，每个人都知道自己要做什么，应该怎么做，规则非常明确，从与供应商议价开始，直到下单、接货、上架、销售、收银整个流程，都是由一系列很完善的规则控制这套动作。

有一些店铺经营者虽然也知道商品管理的重要性，但是怎样做好它呢？很多店铺经营者心里却没底。其实，很简单，只要对商品流程的管理有一定的了解，并按着流程办事即可。经营者可以参考下面的步骤去做。

（1）接洽供应商

接洽供应商是零售店进货的第一步，在此期间通常要进行以下一些具体工作。

①确定接洽日

在消费品买方市场规模化的条件下，各生产厂家都必须为自己的产品寻找销路，每天都会有供应商到零售店来推销他们的商品。

为了提高零售店的采购效率，有必要建立一种与供应商接洽的制度，规定与供应商接洽的具体时间，特别是零售店铺规模大的，可以规定每星期的某两天为接洽日。

这样，就可以将采购人员从大量的接洽活动中解放出来，使其有一定的时间进行商品价格的比较，以及商品适销分析与调研。

②分类接洽供应商

零售店铺经营者要根据商品的不同类别将供应商进行分类，不同的采购人员接待不同类别的供应商，以提高洽谈效率。

③明确规定供应商应提交的资料

具体内容可包括供应商的生产许可证、产品的有关证明文件等。

④要求供应商提供样品

零售店在与供应商洽谈时，可以要求供应商提供商品的实物样品，以便于采购人员检查和判断。

同时，尽可能地将供应商提供的样品登记存档，以作为今后进货的标准与参考。

（2）市场采价

零售店铺的市场采价，就是采购人员在接受了供应商的产品报价以后，亲自到市场上采取同类产品的价格，与供应商的报价进行比较，以确定供应商的取舍。

采购人员在采价时，一定要注意采价的商品要与供应商提供的商品是

一种竞争关系，即相同类型、相同品项，否则就失去了可比性，即使得出了结果也是不真实、不可靠的。

（3）议价

在进行市场采价后，零售店的采购人员要与供应商面对面地商定供应品的价格。

在商议之前，采购人员要做一定的准备工作，通过各种途径了解供应商向其他零售店供货价的实际情况，再具体分析自己的零售店的经营优势和劣势，以增加自己在价格谈判中的砝码，为自己的零售店争取到最优的供应价格。

一般情况下，零售店的采购人员要事先确定一个可接受的最高报价，一旦谈判超过这个价格，就要果断地放弃，寻找其他的供应商。

（4）导入卖场

确定了供应商后，接下来需要考虑的便是如何将商品导入卖场的问题了。

首先，要根据零售店的规则，为商品确定一个代码，以便对商品进行统一的管理。

其次，可以将商品的品名、规格、代码、所属部门等资料录入零售店的计算机系统，便于及时了解该商品的销售情况，进行恰当的进销调存决策。

再次，在首次进货的时候，必须由采购人员亲自负责，集中进货。要熟悉采购通道，了解供应商的实情，一旦发现不妥，要及时调整采购方案，使零售店免受损失或少受损失。

（5）跟踪管理

零售店将商品导入卖场后，采购人员还要对其进行跟踪管理。通过一段时间的观察，了解其销售状况，分析其市场潜力，适时调整该商品在货架上的陈列面积，确保零售店经营的利润最大化。

现在店铺的竞争已经转化为商品价格上的竞争，店铺只有在降低成本的情况下才能获得生存的资本。而降低成本的方法就是科学化管理商品，使商品的采购、配送、销售等各个环节的成本降低，才能赢得利润，获得竞争优势。

第二节 O2O时代，商品计划要出众

1. 关注商品生命周期

任何一种商品进入市场，经过普遍推广，销量将会逐渐增加。由于消费者的需求变化和市场竞争的加剧，所有商品都最终会被新的商品所代替。这个过程如同生物的生命周期一样，有其诞生、成长、成熟和衰亡的阶段。商品生命周期就是指商品在市场中有效的营销时间，或称之为商品经济生命。

在信息时代，科技日新月异，商品的生命周期不断缩短，新产品不断涌现，旧产品不断被淘汰。店铺经营在制订商品计划时，必须跟上这种不断变化着的时代步伐，随时注意调整自己的经营范围，才能不断地获取利润。

张小姐是一家精品店的老板，虽然店铺的位置较为不错，但是生意一直不怎么景气。她为此感到有些焦急，甚至想就此结束生意。

这天，她在跟一位好姐妹闲聊时说起了这件事。她的这位姐妹在

一家企业培训公司工作，认识一些有着一定经验和资历的企业培训师以及销售类的专家。她在听完张小姐所说的之后，就请一位关系较为不错的销售专家帮忙。

那位销售专家答应帮忙，便来到了张小姐的精品店。他走进张小姐的精品店，看了看陈设的商品后，不由得皱起了眉头。张小姐的精品店主要靠销售毛绒玩具为主，现在其他店铺里面卖的都是喜羊羊和灰太狼等新造型的饰品，可是她店铺里面摆放的还是那些有点过时的饰品。

那位销售专家在看了店铺里面的陈设，并且跟张小姐聊了会儿后，告诉张小姐，要想改变现在的经营状况，就必须在进货时考虑到市场的变化，商品的生命周期，不要仅贪图便宜而进一些过时的商品。

从上面的叙述中来看，店铺经营者要想获取利润，在进货时要对商品的生命周期有所了解，这样才能真正地进到适销对路，可带来经济利润的货物。否则的话，就极有可能像张小姐那样，在进货时进购到一些过时、滞销的商品，从而影响到店铺的正常经营。

那么，店铺经营者如何通过利用商品生命周期，从而进到合适的货物呢？首先，店铺经营者应当对有关于商品生命周期的知识有所了解。

一般来说，商品的生命周期可分为四个阶段：生长（引入）阶段、发展（成长）阶段、稳定（成熟）阶段、衰退（淘汰）阶段，以下就是各个阶段的特点。

（1）生长或引入期

这个阶段是商品生命周期的开始，商品刚进入市场时期。在这个阶段，经营者、消费者对商品不甚了解，存在疑心，销量少，销售速度处于缓慢增长；商品生产批量小，某些技术问题尚未解决；生产成本高，推销费用大，特别是“广告大战”花费更大，往往发生亏损。

（2）发展或成长期

在这个阶段，商品已为广大的潜在购买者（消费者）所了解和熟悉，商品生产成本下降，销量增加，利润上升。

（3）稳定或成熟期

在这个阶段，商品已为广大购买者（消费者）所接受，销量稳定，甚至达到顶峰，继而缓慢下滑；利润相应地不再继续保持增长的势头，只是维持在较稳定的水平上。

（4）衰退或淘汰期

商品生命进入寿终时期，销量迅速下降，利润减少，直到商品被淘汰而退出市场。

不过在这儿要提醒店铺经营者的是，虽然商品处在衰退或淘汰期，但是此时的商品仍有一定的使用价值，即商品的自然生命仍存，而商品的经济生命结束由于市场环境和商品种类不同，商品交易常常呈现出不规则状态。

可以这么说，虽然我们将产品的生命周期划分为上面四个阶段，但是只是一种理想化的描述，实际上难于截然分开。不过从上面的分析中可以看到，店铺经营者在制订进货计划时，将重点放在成长、成熟商品上，尽量少进一些处在引入期以及衰退期的商品。这样做的好处是，能够避免因为商品销路不畅而积压资金。

店铺经营者在进货时，一方面店铺应了解这种商品在市场流通中所处的生命周期阶段，一旦该商品达到衰退期，则立即加以淘汰；另一方面，

还得随时掌握新商品的动向，对于有可能成为畅销商品的新商品，在其上市前就列入店铺进货计划范围之中。

2. 把握卖场上货波段

所谓上货波段，是指店铺在上新品的时候不是一次性把一季所有新品摆上，而是根据产品的特性分几次上货，从而使营业额出现若干个高峰，获得更为客观的销售利润。

柯先生开了一家便民服务小超市，销售的大多是一些日用生活必需品，如牙刷、香皂、油、盐之类的。

他的店铺开在一个大型居民区的旁边，出售的又是人们生活中不能缺少的商品，照理来说生意应当不错。可是，事实恰恰相反，他的店铺虽然每天都开着门，可是很少有人光顾，更不要说有人购买了。

柯先生对此大为不解，便向一位开超市的朋友取经。朋友到柯先生的店铺转了一圈之后，看到货架上所陈列的商品，很快便发现了问题，就是柯先生没有把握好进货的时间，因为货架上有许多的商品空缺。

朋友皱了皱眉头，便问他，是不是经常有人来买东西，但空手而归呢？这是实事，柯先生连连点头。

朋友笑着说，这样你怎么能做好生意呢？他还问柯先生是不是每次等到货物缺了后才忙着进货。柯先生同样连连点头。

朋友告诉他，以后千万不要像现在这样了，并提醒柯先生不仅要制订一个进货计划，同样还要对时间做一个计划。

有类似如柯先生店铺问题的经营者不在少数，他们往往不能把握好上货波段，没有一个好的进货计划，在出现断货的情况下，才急着去进货。

这样一来，就会出现有人要购买某一商品之时，没有，只能转向他家。当经营者急急忙忙地进了货之后，而所需要者已经购买了。

因此，店铺经营者要想做好生意，就必须不断地、认真地研究消费者需求的变化趋势。当需求将呈上升趋势时，要及早组织采购；当需求呈下降态势时，要少购、甚至不购。

拿服装店来说，秋装可按初秋、中秋、深秋分三次上货。一般的店铺都会在季初的时候把所有的新货一次性摆出店铺，但是这样上货，往往头一两周产品很好卖，越到后面营业额就越低，导购员纷纷抱怨好卖的货都已经卖完了，剩下的都是不好卖的货，难以调动导购员的积极性。

而且这样上货容易带来单品视觉表达的空间不够、经营者在采购时难以一下记住这么多产品特性等问题。

而如果是分波段上货，则可以避免这些问题，带来营业额总量的增加。

所以，店长、店老板在上货的时候要注意波段的安排，通过与厂家商品企划部的沟通，合理安排上货时间、顺序和数量，从而使货品的库存得以减少。不过在这儿要提醒店铺经营者，对下面所列举的商品要有所注意。

（1）对于市场需求波动较大的商品

由于消费因素复杂、选择性较强等原因，消费需求常常呈波动状态。在这种情况下，零售店经营者必须不断地、认真地研究市场需求的变化趋势。当市场需求呈上升趋势时，要及早积极组织采购；当需求呈下降态势

时，要少购、甚至不购。这就要求采购人员有一定的市场调研能力，并要承担一定的风险。

（2）对于季节性商品

对于一些季节性很强的商品，比如季节生产、常年消费的商品或常年生产、季节消费的商品，采购人员需要在认真研究市场环境的条件下，分析消费需求的变化趋势，预测商品的销售量，以此决定进货量、进货时机，防止过季积压和旺季断档情况的发生。

（3）对于刚投放市场的新、特商品

对于新、特商品投放市场，进货者应在研究市场需求的基础上采取购销活动。由于消费需求具有可引导性，零售店经营者也可积极运用各种促销手段来开拓市场，影响和刺激消费者，引导消费需求。

像上面所列举的货品，就一定要严格地控制好进货时间，以免发生所进的货物错过销售机会而引起滞销，积压货物的情况。

只有在合适的时间做合适的事，才能将事情做对。对店铺经营者来说，需要把握好上货的波段，确定好进货的时间。是否能把握好这一点，对店铺经营的优劣有着不可低估的影响，也正是因为如此，店铺经营者应当做好这方面的计划。

3. 订好货才能销路畅通

店铺的生意成败，订货是关键。订货过多，存货就相对过多，不仅积压资金，而且可能因为销售不畅而亏损。如果不幸订了假冒伪劣货物，不仅造成对消费者的侵害，而且会给店铺的声誉造成不可估量的损失。相反，如果订货太少，很可能出现缺货，失去赢利机会，造成店铺、人力等资源的浪费。

洪先生本是一家企业单位的职员，由于经营出现危机裁员，他就下岗了。下岗后，他在一家私营公司上班，收入低不说，还要整天看老板脸色行事。

后来，他产生了自己创业的想法，在经过一番市场调查和综合衡量之后，他决定开家服装店。繁华街道的专卖店投资太高，他没有足够的资金，所以就在离家不远的市场附近租赁一间30平方米的房子。对房子进行改造和简单装修后，就开业了。

洪先生做梦都没有想到，自己的店铺一开张，生意就如此的红火，还没几天，货架上的商品就销售了一大半。看到这种情况，洪先生觉得应该乘势追击。于是便命令负责进货的人员大量的订货。一时之间，洪先生用来储存货物的房间都满了。可是，接下来的生意并没有像原来那样的红火了，刚进的一些货物有些还销售得不错，而有些却无人问津。由于大量的订货花费了大量的资金，再加上房租、人员工资等各项必要的开支，洪先生不免感觉到资金周转不怎么灵便，在订货上就难免跟不上，并且无资金进一些新的货物。后来，服装店的生意越来越差，最后实在是坚持不下去，只能关门大吉了。

很多店铺经营者就像上面所说的洪先生一样，将开店铺看得太过于简单，认为开店铺就是订货卖货。不去做任何的计划，以至于造成了盲目订货，货物滞销，资金周转不灵的情况。

而对任何的一家店铺来说，如果资金周转不灵，则必然导致货物不能顺畅的流通。货物不能有效地流通，就难以给店铺带来利润，最终也就只能惨淡经营了。

那么，怎样才能有效而科学地订货呢？

（1）以销售业绩为基准

订货的根本就是以销售为目的，因为商家订的货是用来销售的，而不是发单看样的。就拿服装店订服装来说，假设你某一款订 3 件，共有四个颜色，这样就订了 12 件。那么请问一下自己，上一季有只卖 2 件的款吗？肯定有！因为每一个款都是这样订的，那么这样款的库存将会是 10 件。

所以订货不是订得越少就风险越小的，而是订得越准风险越小。商家订货时，应该是以上一季的销售数据为依据（最好是去年本季的销售数据）。

商家应在订货之前统计出上一季的销售总件数、总款式数、各大类款式数及各大类数量尺码比例、单款销售最好的前 10 名款各款的数量、颜色比例、销售总时间长、店铺的发展状况等数据，然后根据这些数据来进行订货。

如去年春季销售最好的款卖了 100 件，而今年店铺生意有了 30% 的上升，那么商家在今年春季的订货时，可把预计销售最好的一个款的订货潜力可以达到 130 件。如果商家确实觉得有风险，那么也可以把预计销售最好的款订到 100 件左右（具体的颜色、尺码比例可参照上面统计的数据）。

除此之外，商家在订货的时候最好每一个款都要试穿，因为除了款式以外，版型以及尺码的大小都会决定该款的销售情况。而作为生产商，因为订货会是提前开的，所以即使生产能力一般，也完全可以满足商家的需求。这样，商家在销售过程中基本上就很少会出现断货现象了。

（2）把握不同商品的供求规律

商家对于供求平衡，货源正常的日用工业品，适销什么，就购进什么，快销就勤进，多销就多进，少销就少进；对于货源时断时续，供不应求的商品，商家可根据市场需要，开辟订货来源，随时了解供货情况，随销随进；对于扩大推销，而销量却不大的商品，应当少进多样，在保持品种齐全和必备库存的前提下，随进随销。

（3）关注商品季节产销特点

商家对于季节生产、季节销售的日用工业品，可季初多进、季中少进、季末补进；而对于常年生产、季节销售的日用工业品，则可淡季少进、旺季多进。

（4）关注商品的产销性质

商家对于季节生产，常年销售，生产周期比较长，而受自然灾害影响较大，生产不稳定的一些农副产品，应寻找生产基地，保证稳定货源。对于大宗产品，可采用期货购买方式，减少风险，保证货源，降低订货价格。对于花色、品种多变的商品，要加强调研，密切注意市场动态，以需定进。

店铺在采购商品时，每批采购量的大小，既影响经营活动，又涉及成本和利润，采购数量过多，会占用大量资金影响资金周转，增加存储成本。如果采购数量过少，会增加订货和验收的费用，失去大批量采购享受的折扣优惠。所以，店铺进货前要合理预算好进货项目和数量。

第三节　线上线下库存：管理要有水平

不管是线上还是线下渠道，做好库存管理同样重要。

1. 如何保持理想的库存

何谓理想库存呢？理想库存即是能够支持高销售的最低库存量，何为

最低库存量，就是没有滞销或多余的库存，一切库存都会在预定标准的周转天数内销售完毕。

与其他行业相比，服装业的投资门槛低，不需要太多的专门技术，使用较低成本就可以开个不错的小店面，而且市场风险相对较小。在十亿人民九亿商的今天，开个服装店是许多人创业者的选择，踏踏实实地从小生意做起，也是大多数成功商人的必由之路。张先生就是其中之一。

张先生原先在一家公司上班，发现给别人打工不但挣得少，还要看别人脸色，所以决定自己开个服装店。张先生是个对时尚和潮流没什么研究的人，而且手头只有不到 6 万元钱，寻找投资项目的时候，他发现餐饮业更像个无底洞，而且专业知识要求很高，生怕自己一不小心掉进去，于是选择了相对容易经营的服装业。

张先生的服装店位置在北京非常著名的服装小店聚集的隆福寺街，因为有名气，店面的租费自然也很昂贵，12 平方米的小店，一个月就要 10000 元。

李先生对店铺的装修不打半点折扣，一定要装修出自己想要的效果，最后在装修费上共花了 15000 元。所以，服装店还没开张，张先生就投资了将近三万元。

店铺盘下了，也装修好了，接下来最重要的就是进货了。为了采购到质量和款式最好的、价格实惠的服装，张先生从北京坐火车奔赴了广州。

经过几天的考察，张先生还真发现了令自己非常满意的欧洲服装，但同时服装的价格相对比国内货要贵一些。经过再三讨价还价，张先生终于以比较满意的价格，进了2.5万元的货。但是由于对隆福寺行情的不了解，匆忙之下拿的货不太符合市场的行情。这批货成本很高，再加上服装风格不对路，张先生在资金周转上遇到了严峻的考验，一不小心就会面临“关门大吉”的现实。

积压的服装是一个很大的问题，卖不出去，就没有资金重新进货。为了能够尽快挪出一笔资金，张先生只好狠心将这些积压的2万元服装赔本甩卖，以获取一些流动资金，再次进货。

有了这次进货失败的教训，张先生心里有了数，在进货上更注意市场需求和消费人群了，慢慢地迎来了一些回头客，生意也火了起来，平均每个月连本带利收入三万左右。

“一朝被蛇咬，十年怕井绳”李先生受第一次货物积压导致生意惨淡的影响，在进货时总是很保守，够卖就行了，因此生意红火起来后，每次进货的数量满足不了越来越多的顾客，这样店里也经常出现缺货的情况。有些顾客因买不到理想的服装，就不再来了，原本可以多赚钱的机会就这样白白地失去了。

张先生经营的失败主要原因是没有管理好库存，以至于资金周转不灵，最后不得不“狠心将这些积压的2万元服装赔本甩卖”。店铺经营者应该从这个案例中得到启示，即做好存货管理，保持理想的库存，既不会使商品积压，占用资金，也不会因缺货而影响经营。那么，如何才能保持一个理想的库存状态呢？

（1）库存管理的分类

库存管理，大致上可以分为依金额的库存管理和依数量的库存管理，依商品周转率的库存管理等。

①依金额的库存管理

依金额为基准的库存管理，比较容易设定标准库存额，比如，依过去的销售实绩分析未来的销售预测，或依过去的库存额分析未来库存额的设定等。其优点是可确定掌握店铺资金的状况，并能结合采购预算，对资金有较灵活的运用。

②依数量的库存管理

对何种商品须采购多少、库存量多少等，都必须依据数量的库存管理所获得的数值为基础。依数量的库存管理的特点是：商品类别可依款式、货号、颜色、尺寸等类别细分化加以管理；能确实掌握某种商品须进多少数量，库存量能维持多少时间等方面的资料；能了解销售状况中畅销品及滞销品的差别。因以数量为基础，故价格若有变动，能在管理方面不受影响。

③依商品周转率的库存管理

商品周转率是以进货到销售之间的平均期间来表示，将一定期间的销售额，以期间内的平均库存额来除。

平均库存额在一定期间内，以周转几次来组成其销售额，此周转数，就是商品周转率。因此，只要知道周转率，就能够算出有多少天的库存量。其计算公式如下：

商品周转率 = 一定期间销售额（售价）/一定期间平均库存额（成本）。

这种方法有利于随时掌握库存的基本情况，以便控制店铺的销售情况。

（2）做好库存控制

采购人员对于自己负责的商品，必须注意其库存控制，任何一项的库存都有其原因，采购必须仔细分析高库存的原因，做好库存控制。

采购人员在下特别订单（厂商的一次性商品）时，除价格便宜外，还要注意：商品品质、保质期是否临近（或已过期）、式样是否过时、售后服务状况、市面上是否有价格等低的同样商品出售。特别订单是一次性的大单，采购决定进货以后，如有不测，则需取消，所以采购必须慎重考虑，以免成为滞销库存。

2. 存货管理的技巧

商品存货是流通的停滞和资金的占用，但又是必不可少的环节。市场变化莫测，生产又需要一定的周期，为使店铺不致出现缺货现象也就离不开商品存货。

由于库存要占用资金和场地，会给店铺带来成本费用的增加，因此，科学的存货管理显得更加必要。

沃尔玛超市以 everyday lowprice（每日低价）闻名，为不断实现这个目标，沃尔玛有很多节约成本的措施，越库操作可以说是沃尔玛超市对供应链管理和成本控制中的一个贡献。

越库操作逻辑上并不复杂：商品经过配送中心送到门店，一般需要经过以下步骤：商品接收——上架——捡货——装车——发运；商品入库上架与装车发运之间存在一个时间差，这个时间差就是库存。显然，库存要占用资金，库存要占用仓库，库存需要维护，库存还可能使商品随着时间而贬值，这些都是成本。那么，有没有办法能够减少这些成本呢？

沃尔玛超市采取了这样的措施：商品接收——商品发运；把原来

的五个步骤缩短成为二个，也就是说商品不进仓库，就发运出去了，这就是越库操作由来。

这样做的好处是：仓库面积减少了，提高配送中心运作效率，减少了一次上架和捡货的操作，库存周转率加快。如果商品每日进出量很大的话，越库操作对于库存的降低是很可观的。

越库操作并不是商品100%不经过仓库，而是把能够直接装车发运的货品就直接装车发运，不能够直接发运的货品还是要入库。

要实现越库操作需要哪些条件呢？首先需要在商品接收之前就有明确的发货计划；其次，要对供应商的送货计划和配送中心发运计划的编制规则进行调整，供应商送货以及给各个门店的配货要尽量在时间上匹配，还要保证装车的数量满载（送来的货物不是100%及时发运，发运的货物也不是100%来自于越库操作，只是比例尽量高）。这显然需要一套功能强大的信息系统，还需要有很大的商品流通的量。

沃尔玛超市实行的这种“零库存”做法，每年可以节省数百万美元的仓储费用。

库存是一项很高的成本，但是对于大多数店铺经营者来说，没有库存是不行的。在现实库存管理实践中，像沃尔玛超市一样实行“零库存”的做法，很少店铺能做到。那么，怎么采购货物？如何管理库存才能把成本降到最低，而又不会因为缺货错失销售的良机呢？

店铺的存货管理主要包括：存货数量管理、存货结构管理和存货时间管理。

（1）存货数量管理

存货数量与商品流转相适应是最佳效益点。存货量过大，会造成商品积压，浪费效益；存货量过小，会造成商品不足，市场脱销，影响销售额。商品存货数量管理一般采用保险存量，它是商品数量的下限，低于此限，将会导致货品积压。

然而，令很多店铺经营者苦恼的是，尽管计划周密，但还是会面临存货过多的问题。下面介绍的几种简单方法，将有助于减少这种情况的发生。

①根据80/20原则进货

减少商品的进货品种能够减少库存过多的状况。大多数的卖场都遵循80/20原则，即销售额的80%来自20%的商品，只要在进货的时候选对进货品种，就能够减少积压产品的数量。

②不要盲目进货

如果不是急需货物，就不要因为批量采购可以得到很优惠的折扣而盲目地增大进货量。如果这些商品要在货架上或者储存室里放上一年，那就没有必要仅仅因为商家打折而增加大量库存费用。

③多采购代销商品

不要在经销商或代理商的施压下订购超出店铺所需的商品。尽可能多寻找可以代销的商品，如此一来，店铺经营者只需要为已经卖出的商品支付采购费用，而余下的存货，则可以随时退还给供货商。

④增加进货次数

进货次数的增加，意味着店铺能够减少每次进货的数量，同时也能够节省存货空间。当然，这有一个前提，那就是店铺不能因增加进货次数而支付超额费用。

（2）存货结构管理

对于经营者来说，无论是仓库空间还是资金，都是有限的。要想使这

些有限的空间和资金取得更大的效益，加强商品库存结构管理是非常重要的。

（3）存货时间管理

加快商品周转等于加快资金周转，自然会提高商业运作效率，这是店铺能否获得利润的关键，所以应加强存货的时间管理。

（4）存货过多的处理方法

如果存货过多，在一定的时间内又不可能全部卖出去，那该如何是好呢？下面的方法可以帮你在短时间内回笼资金。

①降价甩卖

降价甩卖固然不是最好的办法，但能在较短的时间内使资金快速回笼。经营者可以直接在店门口或者收银处设立卖场，并张贴大广告，告诉购物者这里有物美价廉的商品正在出售，往往能够招来很多购买者。

②选择最佳的展示位置

将商品的样品放在店内比较引人注目的地方，往往可以有效提高该商品的销售量。比如可以将商品放在店外的展台上或主通道旁。

③搭配销售

将最热销的商品与存货一起出售，也是一个不错的办法。

④退还供货商

如果可以的话，将卖不掉的存货退还给供货商是一个省心省力的方法。

库存多了积压资金，库存少了又会因缺货而烦恼。但是店铺经营者要懂得，任何一家店铺都会有面临缺货的那一天，要学会接受这一事实。

从某种意义上说，缺货并不是一件坏事，一家永远不缺货的店铺，极有可能是因为积压商品太多而卖不出去。

3. 如何做好缺货管理

顾客到店铺购买商品，当然希望获得物美价廉的商品。但是如果顾客到店铺购买商品，如果遇到缺货，其不满意是理所当然的。要知道，顾客的满意度与缺货率成反比，即缺货次数越多，顾客越不满意。

因此，防止缺货十分重要。作为店铺经营者，要树立“缺货要付出代价”“缺货会影响店铺形象”“缺货会导致顾客流失”等观念，防范店铺因缺货而失去销货的良机。

日本伊藤洋华堂及7－11会长铃木敏文说：“7－11便利商店成功的四个原则：商品齐全，鲜度管理，清洁维护，亲切服务。”这四点看上去非常简单，只有16个字。

在上述的四个原则中，铃木敏文将商品齐全放在了第一位，而将商品新鲜程度、清洁和服务态度列为其次呢？为什么对于一家面积100平方米左右的便利店来说，商品齐全却是最为重要的呢？

铃木敏文认为：便利店的定位在于方便顾客，如果顾客在门店中无法选择和购买到自己需要的商品，便利店的便利的特点就无从谈起。一个商品不全的门店是难以吸引顾客光临的，也更难以在竞争激烈的商业环境中生存下去。因此，商品齐全就成为了7－11便利店的首要原则。

商品齐全，顾名思义，就是门店货架上的商品丰富，品类齐全。但是这里的“商品齐全”，并不是普通意义上的齐全。便利店的商品种类是有限的，一般的7－11门店的单品数量在3000种左右。

如果你以家乐福综合超市的商品结构模式来衡量7－11品类结构，

那肯定会在商品总数上有很大的差距。但是对于7-11来说，其商品齐全的标准是根据消费者的基本需求设定的商品结构，以满足商圈的目标顾客群体的基本消费为目的，全面的陈列所有商品，避免每一种商品出现缺货现象。那么，7-11是如何做好缺货管理的呢?

铃木敏文告诫门店说：门店经营的成功，除了整齐清洁、态度亲切之外，如果这家店有其他商店没有的商品，或者同一种类的食品，味道却更胜一筹、更加新鲜的时候，就会让消费者觉得这家门店具有一定的魅力。所以并不是一年到头都要陈列同样的商品，就可以提升消费者对商品的忠实度。

例如当台风到来造成停电时，大家都需要蜡烛，其他门店没有货，只有7-11有，此时的购买情况自然就能给消费者留下深刻的印象，这个时候，就可以感觉到消费者对商品有忠诚度了。

然而，大部分的管理者的想法却往往和顾客背道而驰，例如：附近的商品缺货的时候，他们会认为自己的门店也缺货是情有可原，而无所谓。但是从顾客的立场来看，他们会认为："搞什么？7-11和其他的商店也是一样的嘛!"如此一来，就无法提升消费者对商店的忠诚度了。不管其他商店是否存在缺货现象，只要符合顾客需求的商品，7-11都尽量做到一应俱全。

对于一家便利店来说，维护客情关系是一个非常重要的事情，当7-11没有货，门店的服务人员应当怎么答复呢?"对不起，没有货了。"如果门市人员丢下这样一句话，就让顾客回去了，门店辛辛苦苦所建立起来的顾客忠诚度和依赖关系都会随着顾客的离去而化为泡影。

7-11门市的人员会说"我想您可以去xx商店，应该会有的"。

这样，就可以使顾客马上感觉到亲切。这就是站在消费者立场替消费者着想，这句话也无形中将缺货所带来的损失减低到了最小。

对于 7－11 来说，站在消费者的立场就是当消费者上门来购买东西的时候，货架上陈列的都是消费者想要购买的商品。推说因为天气突然变了，所以来不及更换商品，或者为缺货找各种理由搪塞，全都是拒绝从顾客的角度出发。

7－11 便利商店经营成功的主要原因在于商品齐全，基本上没有缺货的现象，即使由于某种原因缺货了，也不允许店员为缺货找各种理由搪塞，而是要站在顾客的角度处理缺货的问题。

每一位店铺经营者都要重视商品的管理，防范缺货情况的出现，否则会给店铺带来不可估计的损失。

缺货可能会导致店铺的销售业绩下降；缺货可能会导致顾客不能买到所需的商品，降低顾客对店铺的评价，不利于店铺形象的维护；缺货过多可能会导致顾客不信任店铺，甚至怀疑该店铺的商品经营实力；缺货还会导致货架空间的浪费，等等。

所以，店铺经营者要做好缺货控制管理，不妨从以下几方面着手。

（1）什么是缺货

从理论上讲，当某一商品的库存数字为零时，即为缺货。但实际营运中，缺货的情况有许多种，主要有：

①货架上的商品只有少量，不够当日的销售，为缺货；

②服装、鞋类商品的某些颜色缺少或尺码断缺；

③家电商品只有样机；

④商品陈列在货架上，但商品外包装有瑕疵，所以顾客不会挑选；

⑤商品系统库存不等于零，但实际库存为零；

⑥广告彩页新商品未能到货；

⑦商品的目前库存不能满足下一次到货前的销售，为潜在的缺货。

（2）了解缺货的原因

对于一家店铺来说，造成缺货的原因很多，一般来说有以下几方面：

①订货不足或不准确；

②系统中的库存不准确，导致店铺的订单错误；

③某些商品漏订货或某个供应商漏订货；

④顾客的集中购买；

⑤商品的特价等因素导致商品热销；

⑥供应商缺货不能提供。

（3）缺货的控制

①楼面管理层必须对所有正常商品的订货进行审核；

②楼面主管、经理必须对所有的缺货进行审核，确定是不是真正的缺货；

③查找缺货的原因；

④若重点商品缺货，对可以替代的类似商品进行补货，以减少缺货带来的损失；

⑤对商品缺货立即采取措施，进行追货，重点、主力商品要立即补进货源；

⑥确认所有缺货商品是否全部有缺货标签；

⑦确认所有处于缺货状态或准缺货状态的系统库存是否准确；

⑧处理缺货商品报告。

第四节　货品盘点：清晰明确方法得当

所谓盘点，就是定期或不定期地对店铺的商品进行全部或部分的清点，以确实掌握该期间内的实际损耗。对部分商品进行盘点，称为周期盘点，每年一次对整个店铺的商品进行盘点，称为年度盘点。

商品盘点工作是店铺每个月都要进行的重要工作内容，是老板了解自己家底的重要途径，是每个店铺经营管理者进行管理、发现问题、堵塞漏洞的重要手段，是财务部门核算的重要数据来源。

佳佳乐是一家大型超市，由于地理位置好，再加上经营有方，超市经济效益一直很好。张玫是这家超市的一名员工，她的主要工作包括两方面，一个是每月完成经理分配的销售任务，另一个就是每月协助经理对货品进行盘点记录。

张玫是个很聪明的女孩子，口才又好，所以对于经理分给的销售任务总是很轻松就完成了，并且每个月都要超额完成任务。因此，经理很看重张玫，打算年底提拔她为销售主管的。但是，因为一次货品盘点的失误，张玫与这次的提拔失之交臂了。

事情的具体经过是这样的：

6 月份，超市进了一批新货，这批货是由张玫负责盘点记录的。张玫平时在工作中很认真细心，很少出现错误。但是到了 6 月底，再盘点货物时，发现出了问题，莫名其妙地少了将近 1000 元的货物。

超市从来没有出现过这样的事情，经理很生气，找到张玫责问是

怎么回事。张玫也不知道是怎么回事，不过她一再向经理保证：当初盘点的数目绝对是正确的，而且当时经理也在场，一定心中有数，责任不在自己。

经过两周的调查，超市也没有弄清楚究竟哪里出了问题。最后，按照超市里的规定，由员工来赔偿这笔损失：1000 元的货物，一共 5 个员工，张玫是负责人，赔偿是其他员工的一倍。虽然赔偿也就几百元，可是张玫心有不甘，感觉自己吃了哑巴亏，于是找到超市的总经理，要求把这件事调查清楚。总经理推说事情就这样解决就行了，下次进行商品盘点时细心点。

张玫更加感到不满，反问总经理："凭什么货物少了就由我们来承担？"经理说："货是你负责盘点的，少了肯定是你们的责任。查不出是谁，只有大家一起来承担。"经理这么一说，张玫就更不愿意拿这个钱了，争辩道："我的工作绝对没有出错，货少了不查清楚，怎么能由员工背黑锅呢？"

最后，经理没办法，只好自己来承担损失，并且从此以后就加强了商品的盘点工作。

上述案例告诉店铺经营者，盘点对店铺库存的影响和重要性。一个店铺如果没有一个认真的盘点过程，怎么能清楚知道自己仓库里究竟有多少货，最近是不是丢失了货品，是不是快缺货了等问题。而且，店铺的失货现象也是普遍存在的问题，为了尽可能避免库存损失，盘点是很有必要的。

1. 商品盘点的原则

商品盘点时，要遵循以下原则。

（1）真实

要求盘点所有的点数、资料必须是真实的，不允许作弊或弄虚作假，掩盖漏洞和失误。

（2）准确

盘点的过程要求准确无误，无论是资料的输入、排列的核查、盘点的点数，都必须准确。

（3）完整

一般盘点过程的流程包括：区域的规划、盘点的原始资料、盘点点数等主要部分。在具体操作过程中，主要部分流程必须完整，不要遗漏区域、遗漏商品。

（4）清楚

盘点过程属于流水作业，不同的人员负责不同的工作，所以所有资料必须清楚，人员的书写必须清楚，货物的整理必须清楚，才能使盘点顺利进行。

（5）团队精神

盘点是全店人员都要参加的营运过程。为减少停业的损失，必须保证盘点的速度，这就需要店铺各个部门有良好的配合协调意识，以大局为重，使盘点工作按计划进行。

2. 商品盘点的方法

批发商品在储存过程中，由于自然条件的影响、人为的过失和其他原因，往往会发生数量上的溢缺，造成商品的实存数量与账存数量不符。为了保证账货相符，使经营者及时发现业务经营和商品管理中的问题，总结经验，改进工作，加强商品盘点工作就显得尤为重要。

下面是一篇关于商品盘点的采访：

主持人：今天我们要谈论的话题是“节后盘点，我们是否可以做得更多”。随着中秋、国庆双节的过去，这个销售旺季的销售高潮也开始回落了，节后大家都做了“盘点”了吗?

陆莉：国庆长假结束的第二天，我们就对商店进行了盘点，由于我们华联欢乐买超市有自己的一套信息系统，支持POS机前台盘点功能，所以我们只要在电脑里就可以调取各种商品的库存量，我们只需要做抽样复盘而已。根据盘存的数据，我们可以了解到华联欢乐买超市的盈利情况，可以及时补足一些在安全库存线以下的商品，有效防止因为缺货而带来的经济损失!

邱述江：盘点是我们经营过程的重要环节，我们肯定要做好它。平常我的小店就只有我和老婆两个人经营，每做一笔生意我们都会在流水账上记下来，一天下来哪种商品卖多少，余多少，每天的毛利润是多少，基本心理都有数。节日过后，我们夫妻俩也对小店进行了一次大的盘点，由于平时账目做得比较细，所以盘点很顺利、轻松。根据盘点的数据，我们了解到了这次中秋、国庆双节小店的利润究竟有多少，同时也补足了节后库存!

甘君玲：说到盘点，信息化真是好东西，以前盘点卷烟库存需要翻箱倒柜，全家动员，还只是能盘个大概。自从我使用了“烟信通”后，坚持做好到货确认，扫码销售。在节后盘点时，我轻轻地按几个按键，库存量就出来了。我根据调取的卷烟库存量，结合最近商店的经营实际，做好了本周的卷烟要货单，准备及时补足库存!

主持人：看来在节后，大家都能及时盘点库存，了解了商店的盈利情况，并及时补足库存。在“盘点”这个环节上，我们还能做得更多一些吗？

甘君玲：我先来说说吧，在节后我盘点了库存、利润，了解了最近一段时间各种商品的销量，但是我的盘点并没有到此结束，根据盘点得出来的数据，我大致地分析出在节日期间哪几个品牌、哪几个档次的卷烟比较好销；婚宴用酒喜欢用哪个牌子、哪种价位的。根据这些数据，我分析了今年旺季烟酒消费市场的一个大致走向，为接下来的旺季的备货，为春节期间的烟酒销售做好了准备。

主持人：甘老板在“盘点”上深挖潜力，分析出节后的销售趋势，这一点做得真好。在深挖“盘点”潜力上，大家还有别的一些做法吗？

邱述江：我也来谈谈吧，在节前，我把所购进的商品的种类、数量和所需用的资金都分门别类地记录下来。国庆节后，我根据各种商品的销售收入、投入的资金量和库存数量得出各种商品的资金利用率（资本利用率 = 利润总额/资本总额），其中国庆节期间卷烟的资金利用率达到了 7.3%，果品、蜜饯的损耗比较大，资金利用率达到 4.1%，而饮料类商品由于受到附近几个大超市的冲击，零售价格下滑，销量减少，库存量较大，资金利用率只有 2.3%。根据盘点得到的数据，结合我小店的经营实际，我觉得我以后会更加重视卷烟经营，在果品经营上要注意尽量减少损耗，而随着天气的转冷，饮料等商品要减少库存，把它作为一个辅助的品类来经营。盘点出来的数据是死的，而我做的是分析数据，让数据说话，让数据告诉我市场需要什么。

主持人：“盘点”可以明确自己以后的经营方向，提高自己的资

金利用率，这说明盘点并不是仅仅一些“表面数据”的盘点，我们应该从这些数据中得到一些东西，邱老板的做法就给我们这样一个例证！

盘点存货是衡量店铺经营业绩的重要指标，也是对一年的营运管理的综合考核和回顾。因为盘点的数据直接反映的是损耗，所以店铺年度盈利在盘点结束后才可以确定。盘点的损耗同样反映店铺营运上的失误和管理上的漏洞，所以发现问题、改善管理、降低损耗是盘点的工作目标。

店铺在经营过程中存在各种损耗，有的损耗是可以看见和控制的，但有的损耗是难以统计和计算的，如偷盗、账面错误等。因此需要通过盘点来得知店铺的盈亏状况。

通过盘点，可以实现如下目标：店铺在本盘点周期内的亏盈状况；店铺最准确的库存金额，将所有商品的电脑库存数据恢复正确；得知损耗较大的营运部门、商品大组以及个别单品，以便在下一个营运期间加强管理，控制损耗；发掘并清除滞销品、临近过期商品，整理环境，清除死角。

那么如何进行商品的盘点呢？

店铺盘点作业的方法有两种：一是定期盘点法；二是永续盘存法。

（1）定期盘点法

定期盘点法就是定期地检查在库的存货余额，以核对和保持准确的库存方法。库存记录可以人工过账、机器过账，或者保存在计算机内。

（2）永续盘存法

永续盘存法要求店铺在一个短暂的时期内对各种存货进行全面盘点。

对大多数店铺而言，一年或半年核查一次便足够了。

3. 盘点人员的作业技巧

进行商品盘点是为了核对库存商品实际数量与账上的数量是否相符；查明超过保管期限、长期积压货物的实际品种、规格和数量，以便及时处理；检查商品有无质量变化、残损等情况；检查库存货物数量的剩余或缺少的原因，等等。

丰华超市是某城市的一家大型超市，自开业以来，其营业额节节上升，令周边的超市羡慕不已。最近，记者走访了这家超市，解开了其经营的秘诀，那就是商品管理很到位，尤其是商品盘点。

那么这家超市是怎样做好商品盘点的呢？

（1）备品盘点

超市内经常使用的备品，如生鲜用保丽龙盒、保鲜膜、标签纸、购物袋、可乐用纸杯等，也可利用商品盘点时，顺便将之清点，作为“用品盘存”。但须注意，某些超市将保丽龙盒当作生鲜商品的材料成本，此时的保丽龙盒亦须列入存货。

（2）设备盘点

超市的设备繁多，且价值不菲，故管理较佳的超市都会建立财产卡，并每半年实地盘点一次，以了解各项设备的使用状况。

至于某些容易携带的小件设备，如标价机、电子计算机、手电筒等，则应特别列为个人保管，以明确责任，否则极易流失。

（3）人员盘点

超级市场属人才产业，人员的素质与人力是经营主管须审慎管理的要

项，故应定期（如每季一次）盘点人力，尤其是绩效之考核，以掌握人力资源并奖励优秀员工。

人员盘点的先决条件是要先做好标准人员编制表，及绩效考核表，并公布周知，但务必公平、公正、公开，才能使员工心服口服。

| 第五章 |

连锁开店：复制成功的财务管理制度

第一节　进行投资预算分析

投资开店一定要心里有数，首先要明白自己要开什么样的店，准备投入多少钱去开这个店，然后做好投资预算。很多人开店，不知道做投资预算，在开店过程中一再追加资金，使得后期投资远大于预算，这在一开始就给开店埋下了失败的种子。

其实很多人开店亏损甚至关闭，很大一部分原因都是在于资金链断裂：前期投资超支，后期缺少资金运作和管理。所以，要想做好投资，预算很重要。做好投资预算，才能清楚哪个环节需要花多少钱。经营者严格按照预算去投资，才能保证经营的畅通。

因此，做一份科学的投资预算以及严格按照预算去投资是开店赚钱的前提。作为店铺的经营者，在开店之前一定要做好投资预算，这样才可以保证开一家店成功一家！

张风大学毕业后，在一家公司上班，收入一般，在朋友的影响下，他辞了职，打算自己创业。他想开一家店铺，经过考察，决定开

一家一百平方米左右的咖啡店。

有了这个想法后，他没有急着动手办理开店事项，而是先进行了投资预算，制订了一份预算表。基本内容如下：

总体设计：面积100平方米。通过设计装修后，大约设置了40个座位，预计人均消费40元。

工资总额：需要请4~5个员工，大概付给他们6千元的工资。

水电、工商：水电费可能要1000元，工商税务可能要500元。每月两项支出共1500元。

租金：5000元/月。

需要投入的一些费用：

租金：最少是押一付二，也就是要1.5万元（有的需要一次性交半年的租金）。如果按押一付二，起码也要准备小半年的租金，也就是要准备3万元。

装修费：根据不同地方，不同位置和不同形式去定位，不同方案装修的费用差别很大，大概预算装修费用需要5万~8万。

设备：包括咖啡机、冰柜等，大概要投资2万~3万。

餐桌/椅：2万~3万元。

空调、电视、电脑、音响等电器：2万元左右。

其他：工商税务注册费用、宣传费用等，大概1万元。

需要前期投资总额为：

3万元（押一付二）+8万元（装修）+3万元（设备）+3万元（家具）+2万元（电器）+1万元（其他）+1万元（备用原料）=21万元；

预留12万元的流动资金。

有了这样一个预算后，张风心里就有底了，接下来开店的事也就顺理成章了。在经营的过程中，他从来没有因资金的问题而烦恼过。看张风的店经营得如此顺畅，不少朋友向他请教其中的技巧。

张风计划开一家咖啡店，但他没有盲目地去行动，而是首先做了一个投资预算，这样他就可以在开店过程中游刃有余了。

如果你的资金有限，那么你就必须在资金的限度之内对店铺的规模、档次及从筹建到正常运作的时间进行严格的控制，尽量避免浪费资金和时间。

如果资金比较雄厚，还可以考虑店铺的经营模式和各类附属功能，从一开始就可以着手制订比较长远的经营战略，制订店铺的营销计划，充分利用资金。

所以说，进行投资预算是开店的前提，没有资金预算，在开店的过程中你可能会遇到很多意想不到的麻烦。那么投资预算的内容有哪些，又应该如何进行预算呢?

1. 开店投资的内容

开店之前，必须筹集一定数额的开办资金，作为实现经营范围的经济基础。开店时需要的资金主要是存货投资、应收账款投资、固定资产、尚未达到营业损益平衡点以前负的现金流量，以及意外损失基金等。

(1) 存货投资

存货投资通常是由所计划的年销售额和存货周转率来决定的。

(2) 应收账款投资

应收账款是指在经营过程中顾客所欠的购货款，这是店铺经营不可避

免的情况。

（3）固定资产

这部分资金主要是用于购买设备、租赁地皮、店铺装修，具体数额还要看这些建筑和设备是购置的还是租赁的。

至于如何预算，店铺的经营者通常可以根据市场价格预估出总的花费。

（4）预期负现金流量

通常情况下，新店能够在一开始就达到营业损益平衡的很少。一般要经过6～8个月才可能有利可图。那么，刚开始的几个月新店就会遇到负现金流量，这就需要用投资来达到收支平衡。

（5）意外损失基金

即使资金预算做得很精确、很周到。但是店铺在刚开始经营的时候，也难免会有意想不到的开支。

为了应付这些意外的费用开支，店铺的经营者需要有可以动用的准备金。意外损失基金约占所需总资金的15%～20%。如果业务经营差于预期，则意外损失基金越少，破产的风险越大。

另一方面，如果意外损失基金太多，那么该店铺就有过多的资金被闲置起来，资金效率就会大大下降，也不利于新店的发展。所以，意外损失基金的准备要合理。

（6）运营费用

运营费用包括营销费用、广告费用、培训员工的费用等。

2. 估算固定设备的投入

如果你决定开店发展自己的事业，就需要估算在固定设备上所需的投入资金。毕竟开创事业中最为重要的是了解和解决财务费用上的需求，它是决定日后店铺经营成败的关键。

（1）装潢

在店铺的装潢设计方面，经营者最先考虑的应是定位及主要顾客群。目前店内营业面积至少要达到30平方米才能满足消费者购买商品的需求，由此，在装潢上，店内色调必须满足顾客的心理。

（2）冷气

在炎热的夏天，冷气使顾客进入店内后，可以享有清凉的感觉，促使顾客在店内停留较长的时间并购买较多的商品。目前店铺使用的冷气机有悬吊式和直立式两种。

悬吊式冷气机优点是不占空间，使店内货架增加，可陈列的商品增多，营业额随之会提升；缺点是降温、升温效率相对较差，价格偏高。

直立式冷气优点为冷气、暖气较强，价格较便宜；缺点是占空间，如果店内面积不大就会影响商品陈列，以及营业额的提升。以30平方米的营业面积计算，使用悬吊式约需8吨冷气，而直立式约需7.5吨冷气。

（3）水电

在店内的所有工程中，最为复杂、工程品质要求最高的就是水电。在施工期间，从配线、拉管到装开关箱，从送电照明、给水与排水到消防安全，所有过程和材料的品质皆须严格要求，这样整个店才能达到安全、美观、实用的标准。

（4）货架

货架的功能是陈列商品，让消费者在店内很容易找到所需的商品。货架的构成有单面架、双面架、棚板、前护网、侧护、背网、挂勾等，分

135 厘米和 180 厘米两种。

（5）招牌

招牌的亮度与色调是促使顾客入店的重要原因。因此，在设计与装置招牌时，要做到色泽让消费者接受、位置明显、亮度明亮适中等。

（6）收银机

一般情况下，一家店铺需要购买两台收银机，以免其中一台出现故障时，没有可以马上派上用场的收银机，从而影响店铺的正常运行。

以上是硬件及设备的投资项目。另外，还有一些项目并未包括在内，例如：贴地砖、拆除墙壁、装落地门窗等，这些费用可能不是很大，但是在预算时也要算进去。

除了上述涉及的固定费用外，店铺还要根据需要增加其他设备，费用也要列入再计算。

3. 核算需要筹措的投资金额

要想开店铺，创办者可以利用自有资金，也可以通过集资或向银行与金融机构借贷的办法来获得开办资金。这笔资金的大小可视新店的规模与种类而定，这里我们着重介绍新店筹资的一种方法，即实际核算法。

实际核算法是在新店投资需要基本确定的情况下，根据实际投资的需要，核算筹措资金的方法。它的特点是简单而精确，但需要有详尽、可靠的基础资料。它的一般步骤有以下五步：

（1）确定投资的规模与组合。

（2）核算需要筹措的资金总额。新店投资额一般不等于新店筹资额，因为可能存在本期投资需上期已经筹措到的资金，以及下期投资需本期筹资金的情况。因此，新店创办者需要通过分项汇总的方法来核算筹资总额。

（3）计算新店内部资金筹措额，即根据新店内部资金的来源计算本期可提供的数额。

（4）确定筹资规模，用筹资总额减去新店内部资金筹措额，即可确定新店筹资规模。

（5）根据新店筹资的评价准则进行修正。

商铺是一种极具“个性”的投资品，其投资价值会因不同地段、客流量、经营范围等而不尽相同。投资者们不能盲目投资，不同的投资预算应有针对性地选择相应商铺进行投资，这样才能减少投资风险，获得更好的投资回报。

第二节　做好内部财务控制

开店做生意，如果没有足够的资金，也是很难成功的。因为做生意的基本原则便是“将本求利”，没有足够的本钱，做起生意来势必艰难。

对于店铺经营者来说，要明白经营店铺需要包括两个部分的资金：其一是店铺开办资金；其二是店铺经营资金。其中，店铺开办资金是指租赁门面、装修门面、置办营业设备、招聘人员的资金，这一部分所用资金一般占开店总投资的五到七成。

在资金筹备方面，如果有足够的资金，经营者可以运用很多方法解决，例如找合作伙伴合资、向银行贷款或向亲友借款等，这些都是解决问题的途径。

丁力是一位聪明、精力充沛、很有经济头脑的青年，尚未高中毕业就打算自己创业，经过市场考察，他了解到一种新的跑鞋很有市场，于是就想开一个店铺。但是手里没有足够的开店资金，于是丁力想到了合伙开店。

丁力把开店的构想告诉了担任会计员的叔叔，并对市场前景进行了分析。叔叔最终出资 3 万元，剩下由丁力找其他人集资，一共筹集了 10 万元。大部分出资人是看好店铺前景的朋友，这 10 万元是店铺的所有成本。

果然不出丁力所料，店铺开张后，市场反应甚佳，生意十分兴隆。外面的出资人看到生意这么红火，就希望能扩充规模，继续大捞一笔。丁力作为老板，也有这样的想法，也希望可以经营其他类型的跑鞋。

当丁力把大伙的扩充规模的想法告诉担任会计员的叔叔时，没想到叔叔对 5 万元的年利润甚感满意，反对再出资扩充经营，不想再冒风险。虽然有个别出资人不同意，但丁力还是听从大部分出资人的意见，扩大了店铺的经营规模。

两年后，跑鞋的市场黯淡下来，店铺经营开始停滞，然后销额开始萎缩。

上述案例是一个非常可悲，但又在经常发生的事例。创业店铺已经踏入成功的门槛了，却由于店铺的主要人员——创立者和出资者盯住的目标不一致，相互牵制，毁掉了一个本来前途无量的店铺。那么从这个案例中我们得到了哪些启示呢？

开店者在选择合伙人时，要注意每一个成员对店铺的看法及其前景是否一致，对于勉强加入的成员，要适时适地地加以清理，避免埋下失败的种子。

有时开设某一类店铺，前期投入的资金较大，而你又无法通过流动利润来周转，此时，你可以选择 1 ~2 个可靠的合伙人来共同经营，便可解决资金方面的难题。但合伙经营容易产生各种各样的纠纷，故选择合伙者应慎重。

你肯定也听说过亲朋好友因合伙做生意而反目成仇的故事。最常上演的情节是一群好友相约吃饭、叙旧，说着说着，突然有人提议合伙开店，众人随口附和。

这种临时起意组合而成的股东，最常犯的毛病是，只求把店开起，而不愿花时间把合作细节谈清楚，生怕店还没开张便伤了和气。

开店以前“什么都好说”“什么都好商量”，等店真正开了起来，“什么都免谈”“什么都不必商量”。用这种方式开店，结果自然可想而知。

我们拿合伙开餐馆为例，比如甲股东的亲戚今天来“搓”一顿，没有付费，那么明天乙股东的什么人也许就会如法炮制，看着甲、乙的亲朋好友白吃白喝，丙股东、丁股东会怎么想？会怎么做呢？长此以往，店里的气氛自然会变味了，朋友间的关系自然不再那么单纯。

那么，是单打独斗、自己开店好？还是邀亲友合伙好？开店资金不足怎么办呢？

如果你所想开设的店面，与过去工作经验有关，并且你曾担任过经营管理职务，那完全可以考虑独立开店。但若无经验，选择合适的加盟体系，从中学习管理技巧，也不失为降低经营风险的好方法。

如果合伙投资开店，日后就必须面对股东意见分歧与权责划分的问题。合伙最好避免两人组合，而以三人为佳，最多不超过五人。

1. 店铺开业的资金筹集途径

至于店铺开业的资金筹集途径，除了寻找合伙人集资外，大概有以下几个。

（1）利用自有资金

既然开一个店铺需要一笔不小的开办经费和周转资金，那么这笔资金越充足越好，以免在开办初期因各种不可预测的原因造成周转不灵，落得前功尽弃。这笔资金可以是你多年辛苦积蓄或由亲朋好友凑集。你自己拥有越多，可能回报也就越多。

如果你是一位工薪者，积累的资金最好不要全部投入，以免小店破产让你蒙受巨大损失，甚至难以糊口。在开店初期，最好不要盲目贪求规模，以免投资过大资金回收困难。

小店的投入较少，风险性也较小。你可以在开小店的过程中逐渐摸索经验和规律，为日后的发展做准备。小店虽盈利不大，但把生意做活了，日积月累，资金也就逐渐积累起来了。

（2）银行贷款

银行是专门经营货币信用的特殊企业，它以一定的成本聚集了大量储户的巨额资金，然后把这些资金融出去赚取利润。

银行的资金除一部分用于投资外，大部分都用于发放贷款。银行就像一个资金蓄水池，随时准备向符合其条件的企业提供它们所需要的各种期限和数量的贷款。其贷款形式具体可以分为以下几种：

①抵押贷款，即指借款人向银行提供一定的财产作为信贷抵押的贷款方式。

②信用贷款，即银行仅凭对借款人的信任而发放的贷款。借款人无需

向银行提供抵押物。

③担保贷款，即以担保人的信用为担保而发放的贷款。

④贴现贷款，即指借款人在急需资金时，以未到期的票据向银行申请贴现以便融通资金的一种贷款方式。

向银行等金融机构借款，一般按以下程序进行。

第一，店铺提出借款申请。无论向银行还是其他金融机构借款，都必须根据业务经营的需要提出借款的申请报告。

第二，提供有关证明材料。店铺要根据借款的具体情况，提供相应的证明材料，如借款用途、购销合同、协议、票据等。

第三，签订合同。银行或有关部门对店铺的借款申请书及有关证明材料进行审查，经有关领导人批准后，双方签订合同。

第四，提供担保或抵押。店铺借款要请其他单位担保，承担连带责任。也可以资产作抵押办理借款。

第五，严格执行合同。店铺借入资金在使用过程中，应严格遵守借款合同的有关规定，按规定的用途使用，并按规定及时归还借款，支付利息或资金占用费。

（3）找供应商

有些供应商允许你赊购某些存贷和商品，这种无本生意，何乐而不为？等你赚了钱，再还给那些好心人吧。

（4）向亲朋借款

如果你有一两个先富起来的朋友或亲戚，大胆登门向他们求助吧，亲戚朋友之间最好说话了。

不过，跟亲戚朋友借贷时，你要向亲戚朋友介绍自己的生意计划，使亲戚朋友对你今后的还款能力有信心，还要明确讲好偿还借款的期限和利

息，写好借据，否则就可能会出现矛盾，损害感情。

2. 开店融资的原则

在为自己开的店铺进行融资时，需要把握以下四个原则。

（1）确保有足够资金可以调度

对于融资要采取审慎的态度，确保可调度资金的数量，避免出现急需用钱又无米下锅的情况。如果确实要借钱，也要向对方详细地说明有关店铺投资计划的各种细节，以求获得对方的理解和支持。

（2）资金利息低廉

在筹资时，要尽量在可能的情况下灵活调配偿付期限不同的贷款，确保所筹资金的利息尽可能低廉。

（3）确保有余力筹措周转资金

开店者在筹措设备资金的同时，也要考虑周转资金的筹措。一个没有充分的周转资金的店铺就如同一辆没有存放预备油的车子，随时有抛锚的可能。

（4）确保自有资金

为确保资金周转的稳定性，以及最后能顺利地偿付借款，店主至少要准备20%～30%的自有资金。

如果店铺经营业绩处于很低水平时，没有足够的现金支付各种费用，以及购进新的商品，只能眼睁睁地看着店铺一天天衰败，直至关门歇业。还是那句话，做生意一定要准备好足够的资金。

3. 计算盈利

任何一位店铺的经营者都希望自己的投资能获得良好的收益。投资小型店铺经营，具有规模小、风险小、流动资金周转快、利于积累资本扩大再经营的特点。

但由于市场竞争的加剧，并非人人开店铺都可赚取利润。明智的投资者总会在开业前根据自己的经营规模、市场定位、投资及经营管理水平进行一番分析，对未来的投资盈利情况进行预测。

盈利预测分析不外乎营业成本、销售收入和利润三项内容。

（1）营业成本预测

营业成本是指店铺在营业过程中，扣除直接成本后的间接成本。可以分为固定成本和变动成本。一般来说，店铺经营中的营业成本主要指以下内容：

用人成本即所雇人员的工资费用，一般占营业收入的9%～12%。可以通过同行业的平均水平来测算需要雇用人员的数量及需要支付给他们的工资水平。

工资税和员工福利费一般占营业收入的0.4%，在国家颁布的文件中有明确的划分办法。

水电费一般占营业收入的2%～3%，根据店铺拥有的设备、设施及使用时间来测算。

燃料费一般占营业收入的0.5%～1%，主要包括煤、煤气等。

保险费一般占营业收入的0.15%，属固定费用。

物料消耗及低值易耗品摊销一般占营业收入的2%，这可根据店铺的装修档次及要求进行预测。

折旧费属固定费用，需根据自己的投资额及准备使用年限进行计算。

维修费一般占营业收入的0.2%，主要指日常经营中维修用配件、原料等的费用。

工装及洗涤费一般占营业收入的0.2%～0.3%，可以根据人数、每人每年应配几件工装、多长时间洗一次计算。

办公费属可控费用，完全取决于管理水准。主要包括业务费、通信费、纸张费、印刷费、管理费等。

广告及促销费可根据经营要求及营销方案计算得来。

如果从银行贷款就存在财务费，可根据银行贷款利率计算。

税收税务部门收取5.5%营业税。

租金为固定成本。

其他费用根据经营过程中可能发生的费用进行测算。

（2）销售收入预测

销售收入又可视为营业收入。预测营业收入相对难度较大，比如一家餐馆，因为餐位周转率每餐、每人、每个季节都各不相同，顾客的人均消费额也不确定，这些因素的预测直接影响营业收入的预测。人均消费额的预测极易受出售菜肴的定价影响。

如果你开的餐饮店规模较大，技术力量比较雄厚，便可经营早餐、早午茶、夜宵等服务项目，这无疑会增加营业收入，利润相应也会增加。

（3）利润预测

适合店铺生意利润的计算方法，应当计算简单、保守评估风险与价值、符合生意的实际情况。

①确定利润表上各分项的金额

期初余额：利润周期开始时，店铺资产的余额包括现金、存折、资产价值等。

应收账款：外界欠店铺的金额，建议保守评估真实的价值，因为很多情况下，实际收入可能不是按照账面金额收款的。一般应当将实际收入按账面收入的六至八折计算。

应付账款：如果你想继续经营下去，欠别人的钱迟早是要还的。在店铺生意中，欠供应商的钱是很普遍的现象。尽管实际还款的金额小于账面的金额，但计算利润的时候，还是应当按照账面的金额计算。

期末余额：利润周期结束时，店铺的资产余额除了现金之外，建议都进行较保守的评估，都应当以立即变现的角度来评估存货、固定资产的价值。

②计算店铺的利润

利润预测可通过下列公式计算：利润 = 期末余额 + 应收账款 − 应付账款 − 期初余额。

上述计算利润的公式也许不符合正规的财务制度，但对于小店经营者相对合理地评估店铺的利润，却具有一定的价值。实际上，无论按照什么方式进行利润核算，都有不合理的地方，重要的是能否帮助自己对生意情况作出正确的判断。

大部分经营者开店的主要目的就是赚钱，有利可图。有的人开店，不问三七二十一，认为只要有足够的资金就行了。其实不然，明智的店主总会在开业前对自己的经营规模、市场定位、投资及经营管理水平进行一番分析，了解自己的盈利能力。

4. 规范管理原始票据

现在不论是在银行邮局还是餐厅超市，时时处处需要签字，名字已成为一个人的标志。

一个人的签字可以是签合同的凭证，可以是提款的依据，也可以决定成千上万资金的流动。如果签字太过简单的话，很容易被模仿，一旦签字

被冒用，特别是在银行等地，后果将不堪设想。

从财务上来说，一份原始凭证必须经领导审批、签字，有关经手、验收、复核人员签字也要齐全。全部齐全了，这才是一份有效的原始凭证。

张先生失业后，有了开店的想法，他认为自己创业总比给别人打工强，最起码不用整天看别人脸色行事。说干就干，张先生筹集资金后，就开了一家服装店。

刚开始，店的规模比较小，店里的所有业务基本上都是他自己亲自动手，比如订货、进货、和生产商联系以及财务方面的核算等。张先生的运气比较好，开店以来生意一直不错，并且越做越大。

两年后，他扩大了店铺规模，并且也雇用了不少的店员，这虽然增加了不少的成本，但是每个月下来，张先生发现赚得更多了。

一年后张先生又在其他地方开了两家分店。此时，店是越做越大，店里的业务他不可能再亲自参与了，便建立进货、财务等部门。其中，管财务的是他一个远门亲戚，他认为把财务交给熟悉的人比较放心。

又是月末，张先生在核对本月的收入时发现不对，凭空少了2000多元，查看了好几遍的账也没发现漏洞。最后，张先生注意力转移到了一些进货票据上，他发现其中有一张本月进货的票据有问题，内容记载含糊不清，并且有的地方还有涂改的痕迹。张先生明白了，就是这票据给了进货人员贪污作弊的机会。由于自己当时签字时没有太留意，所以财务人员看到有自己的签字，也没有提出质疑。

上述案例中，由于店铺老板在票据上的疏忽，给店铺带来了不必要的损失。其实，在现实管理中，有些店铺经营者在票据方面的意识非常淡薄，财务上需要签字的地方，经过一个电话就解决了。

凭证没有签字等于是无效的，无效的凭证无法用来做账。如果是因为一个签字问题让企业不断遭受细小的损失，积累下来就是很严重的问题。店铺的经营者不能不重视。

原始凭证为什么那么重要，因为原始凭证是记录经济业务、明确经济责任，据以填制记账凭证、登记会计账簿的基础性会计资料，是反映经济活动的发生或完成情况，明确经济责任的书面凭证。

财务人员在实际的操作过程中一般会存在下面的问题，而这些问题同时也是审计人员重点审计的地方。

（1）形式不规范

所取得的原始凭证项目填写不全，不符合会计基础规范的要求。有的经手人在填写原始凭证时，不填日期、接受凭证单位的名称，有的业务内容、数量、单位和金额填写不全，有的没有填制单位的名称和财务（会计）专用。

报账列支的手续不全，存在无财务人员审核、无经办人员签字或其他证明力不足等问题。

对外用内部结算票据或普通收款收据（或自制收据）替代发票或财政收费票据。

一些基层单位的维修费用、简单的基建支出都是白条入账。

（2）内容不真实

经济活动内容不真实，将一些无法入账的票据以会议费或车辆修理费等形式列支报销。

虚开、虚报支出票据，套取现金。有的企业是为了给职工搞点福利，有的则是自己要得到实惠。

发票的号码与日期存在倒置，报销的票据存在连号等问题，说明未如实反映经济活动发生的时间或发票内容虚假。

从财务的角度看，造成原始凭证不规范，甚至失真的原因如下：

①内控制度不健全、不落实。不少的店铺内控制度不健全、不落实，财务管理松弛，没有严格、规范的验收审批制度。

②财务人员履行职务责任心、原则性不强。一些财务人员审核、把关原则性不强。有的单位以老板审批代替审核，只要是领导批了的，什么发票都可以报销。

③有些店铺老板法制观念淡薄。

上面是从店铺原始凭证对外所要注意的问题，在店铺内部，同时也存在错误和舞弊。

（3）原始凭证中容易出现的其他错误与舞弊

以下错误和舞弊是经营者要特别注意的，这是店铺内部的财务人员通过对原始凭证做手脚，以达到私人目的的典型做法。

①内容记载含糊不清，或故意掩盖事情真相，进行贪污作弊。

②单位抬头不是本单位。

③数量、单价与金额不符。

④无收款单位签章。

⑤开具“阴阳发票”，进行贪污作弊。

⑥在整理和粘贴原始凭证过程中进行作弊。

例如：利用单位原始凭证粘贴、整理不规范的弱点，在进行粘贴、整理时，采用移花接木的手法，故意将个别原始凭证抽出，随后进行重复报销；或在汇总原始凭证金额时，故意多汇或少汇，达到贪污其差额的目的。

⑦模仿领导笔迹签字冒领。

⑧涂改原始凭证上的时间、数量、单价、金额，或添加内容和金额。

店铺要想健康发展，离不开每一个细节上的控制。所以经营者对原始凭证要认真签字，并不断加强财务管理意识。

（4）建立财务票据管理制度

为了加强会计核算工作，完善财务管理制度，确保票据妥善保管，店铺经营者需要制订票据管理制度，内容包括：

①支票由出纳员专人保管。领用支票的人需填写领用支票审批单，由店铺经营者确认后向出纳员领用，领用人负责收回相关单据并及时到财务部办理有关报销手续。

②原则上不准签发空白抬头或金额的支票，如确实需要，应由店铺经营者同意，并在支票上填上最高限额，由领用人员负责收回相关的报销凭证，由财务人员核对是否准确。

③建立支票领用备查簿，依序登记领用人、领用支票日期及注销日期等。

④对已作废支票，与支票存根放在一起，并加盖“作废”印章后妥善保管。

⑤发票由主管会计专人保管和负责核对，建立发票领用登记簿，定期对空白发票及领用的发票进行检查。

⑥仓库验收单、领用单每月必须定期核对后，交会计部门入账，并装订保管。

⑦出纳的支出单据，由出纳登记现金日记账、银行存款日记账后，经会计核对后入账。

在财务管理中，原始票据有重要的作用。店铺的经验者要从细节出

发，加强票据的管理，不给有不轨想法的人可乘之机。同时这也是降低店铺损失，提高店铺利润的重要保障。

第三节　有效控制流动资产

1. 做好收银工作

现在，店铺的营销方式大多是自选式售货，顾客可以在店内随意比较，选购自己喜欢的商品，然后再自己到出口处做一次性付账。在这种状态之下，收银作业便显得格外重要，成为店铺作业管理中相当重要的一环。事实上，收银作业不只是单纯的收收钱而已。

案例一：

有一家商店，这天生意很好，店主看着来来往往的顾客，心里乐开了花。其中，有一位顾客买了很多商品，结账时，他先自己点了一遍现金然后交给收银员，当收银员也点了一遍且辨别了真伪后，刚要收起来。突然，这位顾客又说好像不能确认，要求自己再点一遍。收银员只好把钱又交给了他。当他再次清点时，趁收银员不注意，迅速地抽走了一张。而后装作很不好意思的样子说："对不起，没有错。"当收银员再次收到这笔钱款时，误以为没问题，刚刚才点过无需再复点，便将这笔有问题的钱款大意地收下了。

结果，因收银的疏忽，给店里造成了一笔本不该有的损失。

案例二：

一家酒店，某天晚 7 点左右，一位穿着体面的 35 岁左右男子走了进来，他一边打着电话，一边走向酒店总台收银处，掏出一整叠50元面额的现金（共5000元），边打电话边拿现金递向一位新来不久的收银员，说要换整。收银员询问男子住在哪个房间，此男子回答说是在等朋友来定房的，一边对着电话说："快一点，我在大堂等你……"

收银清点此人递来的现金后，发现没错是5000元整，于是点出100元面额共5000元现金交给此人。此人将电话架在脖子上，边打电话，边清点，突然对这位收银说："你怎么给我换钱，我是要付定金。"说完把钱又递给收银员，当收银员接到钱后，那男子关掉电话，又改口说："算了，等朋友来了他来付，你把我前面给你的钱先还给我吧。"此时因为较忙，收银员拿出此人付的5000交给了他，急忙给一位顾客结账。

当收银员回过神来清点刚才的现金后发现，少了一千多元，此时那个人已不见踪影。

现金的收受与处理是收银员相当重要的工作之一，这也使得收银员的行为与操守格外的引人注意。为了保护收银员，避免引起不必要的猜疑与误会，也为了确保现金管理的安全性，收银员在执行收银作业时必须遵守下列守则。

（1）收银员身上不可带现金

收银员在进行收银工作时，身上如有任何私有金钱，都可能让人误认为是店内公款，而造成不必要的困扰。如果收银员当天带有大额现金，并且不方便放在个人的寄物柜时，可请领导代为存放。

（2）收银台上不能放私人物品

收银台除水杯（水杯应放置在远离收银机等各种电器，以防发生不

测）外，不可放置任何私人物品。收银台随时会有顾客办理退货，或临时删除购买的品项。若有私人物品放置在收银台，容易与顾客的退货混淆，引起他人的误会。

（3）收银员不得擅自离位

收银员在收银台进行收银工作时，不可擅自离位。收银柜台内现金、发票、单据等重要物品甚多，如果擅自离机，将使有不良想法的人有机可乘，造成店内的损失，而且当顾客需要服务时，也可能因为找不到工作人员而引起顾客的抱怨。

（4）收银员不为亲友结账

无论出于什么原因，收银员不可为自己的亲朋好友结账。这种做法可以避免收银员利用职务上的方便图利亲友，同时也能避免引起不必要的误会。

（5）熟悉商品价格

收银员应熟悉商品价格，以便尽早发现错误标价、尤其要注意新调价商品的价格。如果商品的标价低于正确价格时，应向顾客委婉解释，若是顾客坚持依照标示上的价格支付，应该尊重顾客的意愿，因为这是理货员的错误。

（6）工作时不可嬉笑聊天

收银员在工作时不可嬉笑聊天，随时注意收银台前的动态，如有任何异常状况，应通知收银主管处理。收银员在工作时彼此嬉笑聊天，会给顾客留下不佳印象，破坏店铺形象，造成损失。

（7）掌握尽可能多的信息

收银员应熟悉特色服务的内容、促销活动、当期特价商品及商品存放的位置等信息。收银员熟悉上述各项信息，除了可以迅速回答顾客的询问，亦可主动促销店内商品，让顾客有宾至如归、受到重视的感觉，同时还可以增加店铺的业绩。

(8) 收银时做到“三轻”

收银员在工作时应做到“三轻”，即说话轻，走路轻，操作轻。尤其是操作轻，应该是商品提、拿和放置都要轻，避免损坏商品。

(9) 收银员要注意自己的仪容仪态

收银员只要是一个小小的疏忽，都可能让顾客对整个店产生不良印象，尤其在目前市场竞争的情况下，亲切友善的服务以及建立良好的顾客关系，就成为服务成功的基础。在整个服务过程中，收银员必须要做到：

①每位收银员工作时须着统一的制服，且要整洁、不起皱。须佩带统一工号牌，且别挂于固定的位置。

②收银员上班时化点淡妆可以让自己显得更有朝气，但切勿浓妆艳抹。

③收银员在工作时，应以礼貌和主动的态度来接待和协助顾客。与顾客交流时，必须带有感情，而且不是表现出虚伪、僵化的表情。当顾客发生错误时，切记不要当面指责，应以委婉有礼的口气为顾客解释。

④收银员在任何情况下，皆应保持冷静与清醒，控制自身情绪，切勿与顾客发生争执。

⑤收银员与顾客接触时，除了应将“请”“谢谢”“对不起”随时挂在嘴边，还应使用“欢迎光临”“您好”等常用待客用语。

⑥当顾客等候一段时间时，收银员应先致歉：“对不起，让您久等了”；当顾客结束购物时，收银员必须感谢顾客惠顾，说：“谢谢!”“再会!”；为顾客作结账服务时，收银员须进行唱收唱付，说：“总共×元”

“收您×元”“找您×元”，以免发生不必要的麻烦。

收银工作看似简单，不就是收收钱嘛，其实不然。收银工作在店铺经营各岗位中占有重要的位置，如果做不好，不但会给店铺的经营带来不必要的损失，还会给顾客留下不好的印象，从而影响店铺的经营效益。

2. 解决赊账欠账问题

店铺在经营过程中，可能会遇到赊账的问题。经营者大方地同意顾客赊账，毫无疑问可以赢得更多的顾客，但是赊账过多，又不能及时回收，就会影响资金的周转，使经济效益受损。所以，赊账往往会成为令店铺经营者头疼的问题。

经营店铺到底应不应该赊账呢？我们先看看下面的店主们是怎么说的吧。

店主一：老李。开店时间：6年。观点：没有把握的事宁愿不做。

我做生意一般不赊账，除非是很熟悉、知根知底的顾客。目前，到我店里赊账的主要是旁边的几家酒店，酒店老板都是我的老主顾，比较讲信用，我们一直合作得很好。我认为，赊与不赊关键问题是能不能按期收回资金。所以一定要稳，要赊就必须有收回来的把握，不可靠的事情宁愿不做。遇事要多设想一下后果，不能因为贪图眼前利益而吃了大亏。

店主二：小张。开店时间：4年。观点：不能靠赊账拉生意。

我和供货商都是现款结账，从不拖欠货款；和顾客也是现款现货，从不赊账，这是我的经营准则。我认为，人和人不一样，诚信度也不一样，你以诚待人，但是不能保证和你打交道的人都是讲诚信的。

现在开店本来就是小本经营，再不能为要账所累了。所以，我把“不赊账”作为我的经营准则，这条准则也让我规避了很多经营风险。虽然一开始时，生意可能会受到影响，但时间长了，顾客看我卖的东西货真价实，服务又好，也就慢慢接受了！

店主三：李女士。开店时间：2 年。观点：赊账要注意方式方法。

每家店都有自己的经营手段和吸引顾客的方法，赊账就是其中的一种。我不主张赊账，但在两种情况下我同意赊账：一是买东西的人是老顾客，赊欠的金额不大，又是在急用的情况下；二是顾客是熟识的人，而且不是第一次来店里买东西。

我认为赊账要分清对象，注意方式方法。不讲诚信的人不能赊，对于没能及时还账的顾客要善意提醒，同时要注意千万不能因催要欠款而让顾客心生反感。有时候，坦诚地把话说开，顾客也都能理解。

从以上几位店主的讲述中，我们不难看出，赊账现象在经营中还是普遍存在的，关键是要有自己的原则和方式。

案例一：

她说，现在经营中最让她头疼的事情就是赊账问题。她的店位置比较好，附近有两家规模较大的厂矿企业，这些企业招待顾客时经常到她店里来买烟买酒，可基本上全是赊账，半年或一年才结算一次，这就占用了她大量的周转资金。不仅如此，他们有时还赖账不还，给她造成了一定的经济损失。

一位小型超市经营者说，赊账问题让她很为难，不赊吧，会失去一批大顾客，商店经营肯定会受到很大影响；赊吧，要账却很难，甚

至还会出现死账。

我的店附近都是居民楼，来店里消费的顾客也大多是周围的住户。有时他们出来散步，顺便来店里买烟，恰巧又忘带钱了，因为都是老主顾了，熟头熟脸的，总不能为了一包烟，让人家再去爬楼拿钱吧？

案例二：

一位美籍华人客商在海天宾馆入住两个半月。那天，他和两位朋友用餐后到总台结账，账台服务小姐经查核电脑资料告诉他：“先生，您的支票只剩三百余元了，而您手头这笔账就有四百多元，请准备好现金再结账。”

客商说：“那就给我赊账吧。”服务员答道：“先生，对不起，根据宾馆有关规定，您不能赊账。”

客商大为不悦，觉得在朋友面前丢了面子，下不了台，便带着顾客气冲冲地回到客房。

客商马上给宾馆公关销售部打电话，将刚才在总台发生的事诉说了一遍，最后说：“难道我连这点餐费都付不起吗？”

接电话的小彭原来不是负责接待这位客商的，对他并不了解，因此感到很突然。但她立刻冷静下来，答道：“先生，刚才账台服务员确实对你说话的态度比较生硬，有失礼之处，我代表宾馆向您道歉。不过，服务员也有难处，因为按宾馆规定，凡是顾客消费的钱款收不回来，就由当事的服务员负责。这一点，也请先生谅解。”

客商情绪开始缓和，但接着又把难题扔给小彭：“那么，我现在就请您给我赊账。”

小彭灵机一动，顿时有了主意，她平静地答道：“让我请示一下宾馆领导，请您过5分钟再给我打电话。”

实际上她本人就有赊账权，但她不想让客商产生可以随便赊账的感觉。5分钟后客商打电话，小彭告诉他：“宾馆领导同意给您赊账，请您写个便条承诺一下，然后在近几天内补上支票，好吗?”客商高兴地答应了。

第二天上午，小彭又给客商所在公司打电话，接电话的是他的秘书曲小姐，小彭便请曲小姐向客商转达她的建议，今后这类账目往来事宜，不必劳驾老板亲自出马，可由曲小姐出面办理，也不必再找宾馆账台服务员，可直接找她处理。当天下午，曲小姐就拿了一张支票送到公关销售部小彭手里，并转达了老板对她的谢意。

赊账，也就是信贷账款，是店铺为顾客垫支消费款的商业行为，即先让顾客在店铺里签单消费，日后汇总计结收账。赊账现象在店铺经营中普遍存在，它是一把“双刃剑”，用好了，可以巩固和发展顾客群，增加经济效益；用不好，可能会影响资金周转，或者使经济利益受损。

店铺一旦赊账，就形成了自身的应收账款，对赊账进行管理，既包括赊账的形成，又包括应收账款的收回。其目标是为顾客提供方便，便于店铺自身业务扩大，防止资金周转不灵。

每家店铺由于其自身客观条件不同，例如有的临街，有的在小区内；有的规模大，有的则小些；有的档次高些，有的档次低些，等等，这些条件就决定了每家店铺应研究一项最能适合自己发展的赊账制度。

虽然不同店铺的赊账政策各有不同，但其中有一些共性的东西是任何一家店铺在制定这一制度时不能忽视的。

赊账政策，包括确定须交保证金和不须交保证金的顾客的范围；确定

须交保证金的数额及其计算方法；确定各类顾客的信贷限额，例如，常往客、散客以及当地企业、单位，确定其累计欠款的最高限额；确定各种信贷应办理的手续；确定赊账时间长短；确定追账的方法和手段；确定坏账的确认和处理程序。

对于顾客的赊账行为，店铺可以按开立挂账户头、挂账账款的确认、挂账催收等步骤进行处理。

（1）开立挂账户头

开立挂账户头，不仅仅是填张表格就完事的，还包括申请、批准和备案等一系列程序。

申请是指当地企业、机关、团体等机构需在此店铺采用挂账结算方式，需填写《挂账结算申请表》，一般设计成两页：第一页是该单位的基本资料；第二页是店铺方面的审查意见、批准签署等。对于不太熟悉的单位，店铺可以要求该单位提供营业执照的复印本及法人代表证明书等文件。

审批是指有关负责人员应逐项审核申请单位填列的资料，若不清楚，不详细，应打电话询问清楚，并在申请表上签署意见送交负责赊账管理的店铺老板或财务总监。店铺老板或财务总监重点判断该单位的资信情况，是否存在无法追回的坏账的可能，店铺老板或财务总监除签署是否同意外，还应签明给予该单位签单挂账的最高累计限额。

备案是指当赊账行为得到批准后，店铺需对其赊账行为进行必要的登记，开设挂账户头，建立挂账账号，并通知该单位。与此同时，将被审批可以赊账的单位名称、地址、电话号码、印鉴样本等资料整理好编入挂账结算名册，以备查对。

对于散客，店铺一般不允其赊账，但可以根据实际情况灵活对待。例如，开在生活小区中的店铺，对于经常光顾的、熟门熟姓顾客的小额消费可以提供一定的赊账优惠，以方便顾客，但也应该及时做好备案工作。

（2）确认挂账账款

在确认挂账时，店铺应做好以下几方面的工作：

顾客在消费后提出挂账结算时，收银员应查核挂账结算名册里有无该顾客或该顾客的名字，并用挂账结算名册里的印鉴样本核对该顾客在账单上的签字。如果相符，则在规定额度内允许顾客赊账结算；如果不符，则请顾客另选其他的结算方式。稽核人员应认真审核收银员交来的挂账结算单据，复核挂账结算名册中的印鉴，检查收银员是否严格执行店铺有关挂账结算的规定，并在编完收益日报后将挂账结算单据送交财务负责人员，或财务部。

财务人员进一步检查整理挂账结算单据，按照各挂账单位开设的账号，将账单的日期、号码、金额等内容输入或记入各有关挂账单位的户头中去，然后将账单分门别类存放，以备收账时用。负责管理挂账的财务人员应熟悉各挂账单位的最高累计信贷限额，并应经常检查各挂账单位账户的余额。对账户余额超过或接近最高累计信贷限额的单位，应及时采取催收行动。

（3）挂账催收

催收的办法多种多样，店铺的财务部门可以给顾客发催收账款的信函，写明本店铺的开户银行及账号，或地址，附上顾客的账单，让顾客通过银行转账把此账款转给本单位，或者上门交款。一般来说催收拖欠款的技巧有以下几种。

①软磨硬泡法

耐心礼貌地采用信函、传真、电话、甚至是亲自上门等方式。必要时

可以摆出长期作战的姿态，让顾客心烦意乱，尽快补齐货款。此方法适用于关系重大，得罪不起的大顾客、老顾客。

②中间人法

通过熟悉顾客的朋友、同事、同乡或通过他们找到熟悉顾客的人，由此人帮助说情、讲理、沟通感情、发展关系，使问题得到解决。

③轰炸法

亲自上门表明立场或经常通过措辞强硬的电话、传真、信函等方式直接催，必要时可以摆出不达到目的誓不罢休的架势。

④制造压力法

通过公众媒体或顾客的同行、顾客的顾客，争取他们的同情与支持。给顾客制造压力，促使顾客早日还款。通过写信或走访顾客的主管部门、银行、税务、行政管理部门，争取同情与支持。

⑤诉诸法律法

如果采用以上种种方法，顾客还是不还账，这时可以请律师执笔寄出催款函，如果顾客仍不付款，只能利用法律程序来调解或仲裁。

此外，需要注意的是，在收拖欠款的过程中，店家要随时归纳整理账目，做到胸有成竹。自己心中有数后还需与顾客对清账，留下签字依据，以避免不必要的争议。店家在收取拖欠款时，要做到有礼有节，松紧有度；在诉说时，要做到神情严肃，力争动之以情。

有经验的财务人员都会知道，如果赊账过度，不但采购等流动资金有可能会跟不上，还会陷入不断讨债的旋涡之中。因此，如何确立一个合理的赊账规模，如何选择赊账对象，如何控制账款收回的时间就成了赊账管理的关键。

（4）赊账风险控制

店铺经营者在赊账的同时，一定要在时间上、金额上把握好限度，这样才能把赊账风险降到最低。为此应该注意以下几点：

第一，在经营中最好是现款交易，不要随便赊账。对熟人不好开口的话，就在店门口写一幅标语，如“小本经营，概不赊账”之类的话。

第二，对于一些信誉比较好的顾客，在经营中还是可以赊账的。但要掌握一个限度，赊账数目不宜过大，以免影响资金的周转。在赊账过程中，对于数目较大的账，最好不要仅仅是口头协议，一定要双方签字，以免发生意外时无据可凭。

第三，在经营中要学会取舍，不要被眼前的蝇头小利牵着鼻子走。舍不得失去任何一笔买卖，最终结果可能会损失惨重。

第四，对于赊账时间较长、数额较大、有偿还能力却赖着不还的欠账人，最好运用法律武器保护自己的合法权益。

3. 应对现金风险的措施

“流动的钱才能生出更多的钱。”现金是任何一家店铺的生命线，店铺手头是否有可供随时支配的货币和活期存款，能否为生产经营提供足够的现金，对店铺来说是生死攸关的大事。

1970 年，亚当·奥斯伯乐开办了自己的计算机咨询公司。20 世纪 70 年代中期，个人计算机市场突然兴旺起来。亚当随之脱颖而出，成为一名出色的咨询专家，并且一度成为计算机行业杂志封面的常客。

亚当对计算机市场的发展进行了大胆的设想。他对个人计算机生产商的价格政策不满，认为他们只知道对每件新产品提高价格，而完全忽视了市场的实际承受能力。

1981 年年初，亚当·奥斯伯乐决定把自己的设想付诸实践，他宣

布将制造一种价格明显低于市场平均价格的个人计算机，这引起了众多嘲讽和怀疑。他的第一批产品计划在当年七月份上市。

奥斯伯乐雇用了李·费尔森施泰因，让他设计出了一种高级的便携式计算机。为了削减软件的成本，奥斯伯乐不同于其他生产商，他完全依赖于独立的、用流行语言编写程序的软件公司。

为了进一步降低成本，奥斯伯乐还将一部分产权分给软件供应商。这样，奥斯伯乐将价值1500美元的软件费用糅合到1795美元的整体价格中去了。

1983年，大约4750家零售点里摆上了奥斯伯乐的便携式产品，公司还增加了150个办公室自动设备销售商，以面向小型或中型顾客。

由于奥斯伯乐公司规模不断增大，雇员已超过800人，为了保证公司的领先地位和80%～90%的市场占有率，公司雇用了原统一食品公司的董事长罗伯特·约尼克出任公司的董事长兼总经理，奥斯伯乐则出任主席。

由于竞争者们开始进入便携式计算机市场，推出了许多比奥斯伯乐价格更低、功能更先进的计算机，奥斯伯乐便决定增加产品品种。随后公司设计了价格低于奥斯伯乐一号的型号——“经理一号”。

“经理一号”开始上市，同时公司计划当年夏天推出“经理二号”，这两种型号的屏幕和存储量都比奥斯伯乐一号大。“经理一号”总价值2495美元，其中软件价格2000美元，包括文字编辑、数据程序。“经理二号”售价3195美元，奥斯伯乐公司称这种计算机可同IBM公司销售看好的IBM－PC机相匹敌。

1982年，奥斯伯乐公司共花费了350万美元广告费，为了突出产品形象，公司计划开展更多的广告宣传。销售力量也根据公司当时的发展状况有所增加，原来由8人组成的销售部门扩大到40人，从而强化了产品销售。

奥斯伯乐公司的前途似乎是无可限量的。但是，仅仅在几个月后，不好的消息传来了。1983年3月26日，亚当·奥斯伯乐在参加科罗拉多州的一个讨论会时接到一个电话，向他报告说："在本周末我们的销售业绩出现了亏损。"这一坏消息让奥斯伯乐难以置信。

3月底，2月份的结果终于出来了，销售业绩不但没有达到预期的利润值，公司反而亏损了60多万美元，这主要是由于公司新增了设备以及进行了大量广告投资。3月份尽管销售额有一亿多美元，但这个月公司利润最后核算还是亏损了150万美元。

更坏的消息还在后面。由于过多的库存积压、不利的软件合同以及大量的债务，4月24日新的预算结果表明本季度财政损失将达500万美元，全年达800万美元。这天约尼克不得不决定取消股票的上市计划。随后，每份报告都表明形势更加恶化，最后一份报告指出全年将亏损1200万美元。

以前，奥斯伯乐公司要寻找金融投资家并不困难。事实上，那些投资家是争着要为公司投资的。公司的利润减少之后，资金也开始短缺。只有少数几个投资者对奥斯伯乐还抱有希望，公司在6月份筹集到1000多万美元资金，但是却再也无法找到另外2000万美元来完成公司认为非常有竞争力的产品的设计与生产。

奥斯伯乐公司为了节省资金只好不断解雇员工。到了9月16日，这种状况实在难以维持下去了，最后公司只好按破产法第十一章登记，以免受债权人的起诉。

尽管人们早已知晓奥斯伯乐公司的利润不佳，急需资金，但它临

近倒闭的消息还是惊动了整个计算机行业。在6月份的订货泡汤以后，奥斯伯乐公司开始四处忙于贷款，但是，此时的投资者都远远躲开了这个失败者。奥斯伯乐公司终于被现金风险击倒了。

资产投资过多，使店铺的变现能力降低，导致资金沉淀；店铺规模盲目扩张，缺乏相应的短、中、长期计划，都会导致店铺发展的失败。因此，店铺在超速发展过程中必须十分注意防范现金风险。

一般来说，店铺现金风险包括以下几方面：片面重视利润和销售的增长，忽视手头可以使用的现金；原材料库存占用资金过多，债务额增长过快；资金被过多的固定资产投资所冻结；急于求成，盲目扩张而不考虑时机和资金能力。

为了加强店铺对现金的管理，防止资金滞留、加快资金周转，保证资金安全；杜绝财务人员利用职务之便，收受回扣，报假账，假公济私等行为的发生，现金管理要遵循以下的制度。

（1）出纳现金的管理

店铺出纳员要严格审核各种现金收付原始凭证。各种原始凭证必须真实、合法、准确，审批手续必须齐全，不符合要求的凭证，出纳员拒绝受理。

出纳员必须设置现金日记账，对每笔收付款必须及时登记，逐日结出余额；每日下班前，必须核对现金账面余额及库存余额。严禁白条抵库，白条抵库视同挪用公款。出纳员的库存现金及现金日记账必须接受财务部不定期检查。

（2）现金营业款的管理

各部门的收银员必须在当班营业结束时，根据实际所收款填制解款单，将营业款交给指定收款人（店面出纳）。指定收款人在每班终了时，打出清账单，在未收款项之前，不得将清账结果告诉收银员，收妥营业款之后，将具体情况做好记录并通知收银员。

款数额为上日下午班营业款加当日上午班营业款，必须当日下午存入银行。营业款不得擅自用于费用及货款的支付。

（3）现金进货管理

确认需要现金进货的业务，由采购部根据采购计划及订单，经主管人员审批后，方可在财务部借支现金进货。借支时必须在借据上注明进货品种金额和结账时间。

剩余现金必须当天归还财务部。货物到达时，马上办理入库手续，并在入库后一个星期内到财务部结账。

（4）大宗业务销货现金管理

店铺的批发业务销售原则是货出去、钱进来，钱货两清。如特殊情况发生赊销行为，须经总经理批准，并签订好合同，本着谁经手谁负责的原则。货送出未收回货款时，应从收货方取得欠条。

货款收回后，应于当日上交财务部，货款必须及时回收，不可挪作他用。

（5）现金借支的管理

公司严格控制借支现金，包括以下几项。

①差旅费借支的管理

因公出差，需要借支差旅费，一般也要经法人代表批准后才能借支，在完成工作任务之后一星期内到财务部结账。

②备用金借支

备用金是店铺特许特定人员因指定工作需要而长期持有的一定限额现

金。备用金须单独存放，专款专用，备用金按出纳现金管理原则进行管理，财务部不定期检查备用金使用保管情况。

③其他借支的管理

公司员工原则上不得私人借支现金，特殊情况，经总经理批准后，从财务部借款的，必须制订还款计划，并严格按还款计划还款。

（6）其他款项的管理

各部门的零星款项，如纸箱或其他收入的款项，由出纳员收取，收款必须开具盖有店铺财务章的收据。收款额未满500元的，于次月1日上交财务部入账，满500元的随即上交财务部入账。有许多企业无论从策划、论证、项目、运作到发展都莺歌燕舞，就像“泰坦尼克号”一样瞬间覆没，外强中干的关键大多是致命的现金流量出了不可救药的问题。所以，在店铺经营过程中不能忽视现金流量的问题。

（7）防范现金风险

店铺防范风险，保持手头现金主要应从加强管理、预先防范上下功夫，具体来说可采用以下措施：

①在原材料供应淡季，争取从供方以打折后的价格进货；

②采取有效措施，控制和回收应收账款；

③增添土地、建筑物和生产设备等固定资产时尽量采用租赁方式，减少现金支出；

④由其他专业化企业提供配套产品和后勤服务（例如设备维护等），不要“万事不求人”，搞“小而全”；

⑤严格控制原材料和成品的库存量，避免超额储备；

⑥不将现金冻结在对近期利润增长没有作用的大额订单上；

⑦减少微利产品的产量，控制对降低成本没有作用的订单数量；

⑧预先准备好企业技术改造所需资金，以免临时挪用流动资金，影响正常生产。

4. 应对资金周转不灵

“转 = 赚”，这是这个时代最重要的商业特征；“赚 = 转”，是这个时代越来越多暴富者遵循的商业准则。

过去，最有效的赚钱手段是卖高价——提高利润率。今天，最显著的赚钱手段已变成卖低价——提高周转率。过去商品利润高，但是经营者最终赚钱少，因为卖得少；今天商品利润低，但是经营者最终赚钱多，因为卖得多。

所以，无论投资什么项目，只有资金周转得越快，你才能越赚钱。当然，开店也不例外。在同行业中，你的资金周转比别人更快，你就比别人赚钱快。

其实生意无不如此，一旦从事了某个行业，目标顾客群就固定了，此时你日思夜想、视同生命般重要的核心问题就应该是：如何将东西卖得更快？因为每周转一次，你才能达到企业经营的根本目的——赚钱。你周转得越快，赚的钱才越多。

当然，不同行业有不同的周转方式和周转周期。房屋建设需要几年才能竣工，保暖内衣的销售一般以一年为期，餐饮业则要求每天达到多次翻台率，以月为周期的行业更是数不清楚。你可以提高生产率，降低成本，加快周转，可以提高品牌含金量，刺激购买，实现周转，以达到加快资金周转，多赚钱的目的。

总之在这个“快鱼吃慢鱼”的时代，你必须殚精竭虑，必须费尽心机，必须为改变资金周转率有所作为。

在店铺经营者中，真正懂得分析财务报表的经营者并不多，不少店主甚至不看财务报告，只是凭销售现状来做财务安排，但在实施时往往资金又无法跟预期的安排契合，结果就会出现资金紧张的问题。

林先生是一家服装店的店主，当初开店时想着大干一场，开一个规模较大的店，但自己资金有限，所以他就和几个朋友合资开了这家服装店。他管理的店铺生意一直不错，每月都有盈利，一年下来他和其他的股东们能赚不少的钱。店铺的股东们对店铺的业绩都感到很满意。

因为林先生以前是推销员出身，所以他非常留意店铺的营业额。他常常将不同月份的营业额作比较，如果发现某一个月份的营业额下跌，必会查个明白，甚至会马上召集全店铺的人研究原因和对策。

相反，林先生对店铺其他的数字并不太注意，他通常只会问店里的会计下一个月的现金还有多少，是否足够支付经常性开支，如薪金及租金等，其他的财务问题他都不会刻意查问。林先生认为只要生意好，现金自然不成问题。

因为林先生一直不清楚店里的资金流量，只知道店里每月都有钱赚，但是有钱赚并不等于现金流量畅通。所以，当一位股东因为特殊原因要求林先生提前还款时，他才发现自己的店铺正常运营出现了困难，出现了资金周转不灵的问题。

资金是投资企业的命脉。店铺有了资金，才能保证经营活动的正常进行。店铺应在生产经营活动中合理、节约地使用资金，提高资金的经济效益。

很多店铺在经营过程中会出现资金周转不灵的现象。造成资金周转不灵的原因是多种多样的，比如创业准备时对市场需求估计得过于乐观，或大环境造成市场需求降低、商品采购错误造成积压等，都会导致无法获得足够的资金进行新的投入。

“白条”之类无法及时兑现的应回款过多，同样会造成资金周转不灵。比如商品被大客户或集团购买，但没能收回现金，再如屡见报端的“白吃白喝白拿”者吃垮饭馆等。

管理者的经营战略错误最有可能出现资金周转不灵。比如，刚刚度过创业期，还没有真正站稳脚跟，就只管向前跑，谋求“大发展”，盲目扩大店铺的规模，进行多样化经营，等等，结果跌了个大跟头。

那么，如何才能避免出现资金周转不灵的现象呢？加快资金周转需要从以下几方面做起。

（1）做好资金储备工作

店铺做好资金的储备工作，是为了保证正常经营所必需的资金，主要用于商品的采购，比如一家餐馆，不定时地要采购食品的原料、辅料、燃料、包装物、低值易耗品等，所以没有一定的资金储备是不行的。

店铺应在对前期储备资金的占用进行分析的基础上，找出超储、积压和不合理占用的因素。在不影响店铺经营所需的情况下，储备资金的占用越少越好。

（2）库存量不要太多

1997 年，乐百氏集团创始人何伯权决意从果冻市场分一杯羹。同年 8 月，乐百氏果冻上市，初期市场反应热烈，销售渠道一片急呼：要货！要货！

1998 年春节前后，市场似乎到了疯狂的顶峰，一个省区往往几十个车

皮地要货。何伯权头脑发热了，马上扩大产能，生产线从2条增加到8条。等生产线上的48台机器全部安装完毕投产之时，终端突然全面宣告滞销。

原先生产的乐百氏果冻全拥挤在渠道里，并没有到消费者手中。正常的资金周转没能形成，乐百氏很快掉进了甜蜜的“果冻旋涡”，市场迅速垮掉。数亿资金，血本无归。

所以，经营者“宁可少卖，不多库存”，库存一多，资金周转就会减慢。库存再多，资金周转就会出现困难。

（3）使资金发挥最大的效益

店铺经营者对资金的使用要有计划性。计划的制订要有根据，收入要有保证，对各项费用的支出要有限额，并进行跟踪考核，减少不必要的资金支出。

如果店铺经营者在收支计划中，发现收不抵支的情况，就应采取措施，一是尽量压缩支出；二是增加收入。如果在收支计划中，收支相抵后，资金余额很大，店铺经营者可考虑用多余的资金来扩大再生产或进行其他投资，如投资发展连锁店等。避免因资金的闲置而造成的浪费。

（4）建立“薄利多销”模式

台湾宏碁电脑董事长施振荣在少年时代，曾经帮着母亲卖鸭蛋和文具。鸭蛋3元1斤，只能赚3角，只有10%的利润，而且容易变质，没有及时卖出就会坏掉，造成经济上的损失；文具的利润高，做10元的生意至少可以赚4元，利润超过40%，而且文具摆着不会坏。看起来卖文具比卖鸭蛋赚钱。

但事实上，施振荣后来讲述经验说，卖鸭蛋远比卖文具赚得多。鸭蛋虽然利润薄，但最多两天就周转一次；文具虽然利润高，但有时半年甚至一年都卖不掉，不但积压成本，利润更早被利息腐蚀一空。鸭蛋薄利多销，所以利润远远大于周转慢的文具。

施振荣后来将卖鸭蛋的经验运用到宏碁公司，建立了“薄利多销模式”，即产品售价定得比同行低，虽然利润低，但顾客量增加，资金周转快，库存少，经营成本大为降低，实际获利大于同行。

（5）加快应收账款的回收工作

在店铺经营中，有一定信誉和关系的顾客，常采用记账、挂账等方式消费，在账面上形成了店铺的应收款。这种现象使店铺大量的资金被占用，造成店铺资金紧张；有些应收账款，在经历了一段时间后或因顾客方发生重大变化，造成死账和呆账而无法收回，给店铺带来损失。

因此，店铺对应收账款应高度重视，认真对待。对达到一定欠款额的顾客或欠款达到一定时期，应加强催款工作，使资金能及时回收。

（6）加强资金的日常管理

资金的日常管理包括：预算管性、库存管理以及合理利用信用资金。

①加强预算管理

店铺预算包括资本预算、销售预算、商品采购预算、费用预算、现金预算等，店铺应该实行以销售预算或商品采购和费用预算为起点的预算管理模式。

店铺预算管理包括预算编制、预算执行、预算调控和预算考评。在整个预算过程应该严格按程序办事，防止流于形式，给店铺造成人力、物力、财力的浪费。

②加强库存管理

现代商业中，商品的经营形式一般分为经销、代销、联营三种形式。

经销商品一般由商家自己进货，而代销和联营一般都采用供货商送货上门的方式。

在结算时，三种方式也有一定的区别。经销商品一般采用一手交钱一手交货的方式，而代销和联营商品销售实现以后才进行结算。

由于经营形式的不同，库存商品的管理也存在一定的差别，经销商品的附带风险已全部转移到商家，故库存商品管理的重点应放在经销商品的管理上。

③合理利用信用资金

利用商业信用进行融资，在短期负债融资中占有相当大的比重。它产生于商品交换之中，是所谓的自然融资。

信用资金产生的主要原因，一是供货商不便于频繁结算，在销售日到结算日之间的资金，就形成了信用资金；二是供货商为促销而提供的优惠条件，可先销售后付款。

商业信用的具体形式有应付账款、应付票据等。其中应付账款的比例最大。应付账款的管理着重于三个方面，一是衡量应付账款的成本；二是注意合理安排资金偿付，不要超过规定的信用期；三是在结算时注意增值税发票的管理。

此外，以下方法可以应对资金周转不灵的情况。

寻求新的资金来源，比如借贷、要求供应商给予更多的商业信用额度。

将可以变现的商品或者资产变现，比如降价处理滞销的商品，将店铺的一部分出租给其他人。

如果是由于新的项目导致的资金危机，那么适当地缓缓该项目，也许效果会很明显。切记，最重要的是经营者不要在资金紧张的时候再头脑发热、盲目追加投资。

资金周转率的竞争已经成为现代商业竞争的核心，所以店铺经营者必须时刻清醒地知道：第一，你有多少钱每天躺在仓库里睡大觉？库存资金的有效利用率是多少？第二，你的资金每年周转多少次？每周转一次，你的收益有多大？怎样才能让你的资金周转得更快？

第四节　细抓成本管理

随着竞争越来越激烈，一般店铺的营业额提升较慢，但成本以及成本管理费用却逐年增加，这种情况下，店铺的经营者必须严格控制成本费用，才不至于因费用增加而使店的利润下降，造成投资成本回收时间延长。

1. 店铺成本

要想控制成本费用，首先得明白店铺的成本包括哪些。

下面来看一则案例。

爱美似乎是所有女人的共性，已经成为天下女人的“专利”。“抓住女人的心，就抓住了市场。”这是时下一些“有识之士”的共识，看看大街上的美容院、服装店，琳琅满目，大部分都是为女人准备的。

李玲本来有一份稳定的工作，工资不是很多，但是维持日常生活是绰绰有余的。可是她看准了市场，便辞职开了一家精品店。李玲为

了这个精品店，花心思琢磨了时下女人最喜欢的装扮元素，因为看懂了女人的心思，盯准了女人的钱包，所以生意做得红红火火。

店主李玲如今自己干这行快十年了，谈到做这种小店的利弊，她说："市场需求基本稳定，哪个女人不爱美，不喜欢把自己打扮得出众漂亮。所以只要东西常换常新，都是不愁卖的。"

提到投资开店，李玲说除了要时刻注意流行风向外，选择店址也很关键。一定要是女人常去的地方，是女人逛街时候方便光顾的地方才好做生意。关于投资成本，她说五六万元即可入市，饰品都是小玩意儿，单价便宜，属于薄利多销型商品。所以投资饰品店不需要太大的成本。

李玲说，开一家精品店，最基本的成本包括以下几项：

租金：按一间 20 平方米左右的店面计算，租金一月要 2000 元左右，根据具体的地段而定。

柜台：比较专用的饰品柜台，大约每米是 870 元。这个价格可以包括柜台的工费和里边的装修费用，以及摆放珠宝饰品的道具。

背景墙：背景墙每平方米的价格，大致可以按照柜台价每米价格的 8 折算。如果要豪华装修，大约和柜台每米的价格相同。

灯光：照明设计费大约是一平方米 300 元。如果用简洁的灯光，每个大约 60 元。现在不流行射灯了，太热，并且照度不均，感觉老土。

广告和标牌：大约总共需要 3000 元，能做出比较高级的效果。如果简洁一点，1200 元也够了。

艺术摆放：一般需要 1000 元。

进货：以中高档饰品为例，平均每件大约 20 元的批发价（高、中、低档都卖，高档的均价50元，低档的均价10元）。一般一米宽的柜台，可以摆约28件，如果要挤一些也行，但是不要超过40件。20多平方米的房子可以摆放四五米的柜台，进货价格需要4500元左右。

开业庆典的费用：自己按需处理。

工商登记和税务：视实际而定。

此外，每个月有1万元的流动资金就差不多可以运作了。这个随着店铺规模的扩大而改变。

综上所述，开一个饰品店，成本要5万元左右。

从案例中可以看出，即使开一家小的精品店，也需要做好成本预算，经营者要做到控制成本心中有数。其实，开店不论大小，都要做成本预算，那么，一般店铺的成本包括哪些呢？

店铺成本一般分为固定成本和变动成本。

（1）固定成本

固定成本，又叫固定费用，是指成本总额在一定时期和一定业务量范围内，不受业务量增减变动影响而能保持不变的成本。如管理费用：薪金、津贴、加班费、资金、福利金等；设备费用：装潢费、设备折旧、保险费、租金等；维持费用：水电费、事务费、杂项费等。

比方说，给一个木匠按小时付费，并要求他在五个工作日内完成任务，但完成该任务木匠实际花费了七个工作日，那么，雇主支付给木匠的报酬将多于原计划。如果该工作木匠按照固定成本取酬，无论任务耗费多长时间，成本都将保持不变。

①销售固定成本

经营过程中的销售固定成本，这一项目是产生在店铺商品销售过程中。固定的费用包括导购人员的服装、形象装饰费用、店铺导购和店经理的办公费用等。这是人员销售费用中的固定费用。

②人事费用

包括工资和奖金、员工教育训练费用和招聘费等。一般人事费的总和和材料费合并，不得高于营业额的60%，同时也不得高于毛利率的40%。

计算人事费用时，很难定出一个确实的数字，也就是说店里需要多少人手，实在不容易把握。比如企业需要多少员工，和员工有没有足够的经验，有没有受过训练，干劲如何等问题都有关系。

③陈列费用

陈列费用是店铺饰物的购买费用，陈列道具使用费用等。

④水电燃料费

水电燃料费会随季节而有所不同，但以5%为上限。照明和空调设备的选择，视实际需要而定，避免使用费电量大的设备。在高峰时段以外，可以酌量调整照明及空调，避免浪费。

⑤店面租金

店面的租金最高是营业销的12%。

房租通常是只涨不跌的，如何判断房租是否合算？将租金乘以十倍，若金额超出目标营业额许多，就表示房租成本过高，必须考虑换地点经营。

⑥店铺资产费用

店铺资产费用包括店铺租金费用，店铺自有产权的会计机会成本费用等。

⑦其他每日必须分摊的固定费用

其他每日必须分摊的固定费用包括税收、工商管理费、城市行政方面的费用支出等。

（2）变动费用

变动成本，又叫变动费用，是指那些在相关范围内随着业务量的变动而呈线性变动的成本。直接人工、直接材料都是典型的变动成本，在一定期间内它们的发生总额随着业务量的增减而成正比例变动，但单位产品的耗费则保持不变。

店铺的变动费用主要包括维修费、广告宣传费、包装费、盘损、营业税等。

（3）收支平衡点的计算

经营者开店时，最关心的问题是投入资金后，须达到多少业绩才能损益平衡。

这首先需要将店铺的营运经费分成固定费用与变动费用，固定费用与营业额的增减无关，是在一定期间内所产生的固定费用，因此固定费用的分担率与营业额的增减成反比。而变动费用则是随营业额的增减而发生变化的，变动费用与营业额的增减成正比。

上述两类费用需依店铺的经营规模以及所投入的人、财、物等进行详细分类，再进一步配合损益平衡点进行估算。以下是较简易的计算方式。

例：某店，9月营业额180万元，毛利额45万元，税前净利额12.3万元，每月营业费用为32.7万元，该店本月投资总金额为168.5万元。

①损益平衡点

损益平衡点等于经营费用除以毛利率。该店月损益平衡点为：32.7万元÷25%＝130.8万元。

②毛利率

毛利率等于毛利额除以营业额乘以100%。该店毛利率为：45万元÷180万元×100%=25%。

③经营费用

经营费用等于毛利额减税前净利润。该店经营费用为45万元-12.3万元=32.7万元。

④损益平衡营业额

损益平衡营业额等于总经营费用除以毛利率，例如：32.7万元÷25%=130.8万元。

⑤平衡点率

平衡点率等于营业额的平衡点除以总营业额乘以100%。该店平衡点率为：130.8万元÷180万元×100%≈72.7%。

⑥投资回报率

投资回报率等于税前净利润除以投资总金额乘以100%。该店9月的投资回报率为12.3万元÷168.5万元×100%=7.3%。若要计算年度投资回报率，则需将全年的净利润相加后，再除以全年的投资总金额。

⑦税前净利率

税前净利率等于税前净利润除以总营业额乘以100%。该店9月税前净利率为：12.3万元÷180万元×100%≈6.8%。

最终可以得出该店的损益分析结果：

损益平衡点（营业额的平衡点）：总费用/毛利率=130.8万元/月

平衡点率：营业额的平衡点/总营业额×100%=72.7%

投资回报率：税前净利润/投资总金额×100%=7.3%

税前净利率：税前净利润/总营业额×100%=6.8%

为配合店铺营运的合理化、降低成本，将资金的合理运用，店铺的经营者应密切关注各项经营费用的使用是否合理，要有“创业观”，咬紧牙关，克服困难，勤俭节约，将每一分钱都用在刀刃上。

对于店铺费用项目的清楚分类，可以帮助店铺财务管理人员与店铺经营者在进行店铺经营的时候，更加有力地进行费用的管理。

这样可以让店铺费用的管理提高到一个很规范化的程度，更能够让店铺的财务管理人员在经营的过程中找到更好的方法进行店铺固定费用的减低，从而节约店铺运营的成本，加强店铺的竞争能力。

2. 成本管理要细抓

“2014 年世界谁是最富有的人?”如果你的回答是比尔·盖茨，那么你错了。美国零售公司沃尔玛主席罗伯逊·沃尔顿力挫微软公司董事长比尔·盖茨，荣登全球首富宝座。

“2014 年哪家公司居世界 500 强的首位?”如果你的回答是通用电气或 IBM，那么你又错了。沃尔玛以 2198.12 亿美元（年收入）的高额收入，成为全球最大的企业。其商店总数已超过 4000 家。

沃尔玛成功的关键是什么？分析师和沃尔玛员工一致认为，最大的关键在于注重每一个细节，降低营业成本。细节已经成为企业成本管理工作中最厉害的法宝。经营者只有关注点在细节的轨迹里面，才能真正体会到获取成本优势的喜悦。

有一天，沃尔玛总裁山姆·沃尔顿在一家店面巡视，看到一位店员正在给顾客包装商品，随手把多余的半张包装纸、长出来的绳子扔掉了。

山姆·沃尔顿微笑着说："小伙子，我们卖的货是不赚钱的，只是赚这一点节约下来的纸张和绳子钱。"

沃尔玛从来不用专业的复印纸，都是用废报告纸背面。打印纸也是一样，除非非常重要的文件，否则一律用废纸的背面。沃尔玛中国的内部管理口号之一是实现无纸办公，就是说单凭先进的电脑系统就可以管理整个商店，不需要额外投入任何成本。

不仅如此，沃尔玛还注重节省办公空间，沃尔玛公司的办公室面积都十分狭小，开会总是站着开。公司的工作站，往往是一功多能：它是经理和主管处理文字的地方，也是所有人到系统里查看数据、打印的地方，同时也是摆放商品的地方，还是召开部门会议和人力资源进行培训的培训室。

在节约人力上，沃尔玛也有自己的一套方法。沃尔玛从不轻易增加人手，而是对所有员工，包括经理级别员工和行政人员，进行诸如收银、理货等培训。当节假日业务繁忙的时候，沃尔玛从总监、部门经理及主管，到办公室秘书都上岗到一线，去做收银员、搬运工、上货员、迎宾员等。

节约人手就是节约成本，节约的目的就是为顾客省钱，使消费者可以以更低的价格买到更好的东西。要降低成本，最简单的方法莫过于从自己身上揩油。

在中国，沃尔玛的很多店为员工准备了免费的纯净水，但不准备纸杯，为员工配的电话是投币电话，有专供员工用的洗手间，但不配卷纸和香皂，用的清洁物品是本店滞销的洗手液。

另外，任何一家中国的沃尔玛店都没有专门的翻译人员。沃尔玛只在建店之前为美国专家配备临时翻译，用完就走了，平时都是秘书兼任翻译工作。当外籍高层前来视察的时候，往往就由陪同的相关部门的中国总监担任翻译，有时甚至就是中国区副总裁本人。

将沃尔玛成功秘诀剖开来看，控制细节在降低成本工作中起着决定性的作用。控制细节已经成为成本管理工作中最厉害的法宝。将关注点放在细节的控制上，可以为企业创建更大的成本优势。

然而，也有一些企业在进行成本改进的时候，并不是依据于成本的细节去执行，不是从小、从繁、从严制订成本管理细节运行的计划，而是完全无视细节，把降低成本仅仅停留在一些表面工作上，结果惨遭失败。

在这方面，沃尔玛的竞争对手凯玛特的破产遭遇，也许会让人有所领悟。

凯玛特曾在美国零售商中排行老大，销售额是当时沃尔玛的15倍。到了2002年，凯玛特百货公司却申请破产保护。

有专家分析，正是在每一个细节上凯玛特都略逊于沃尔玛，最终导致了凯玛特失败的结局。比如，在广告模特方面，沃尔玛的广告模特均是自家员工的子女。而凯玛特却反其道而行之，高薪请来名模，结果，凯玛特的广告费占总运营费的10.6%，沃尔玛的却只占0.4%。

所以说，无论大企业还是小店铺，降低成本绝不应该忽视对细节的处理。只有细分每一个成本环节，并关注于每一个细节，降低成本才能产生实实在在的效果，给经营带来竞争力。

为了获得更多的利润，有很多店铺也一直都在讲节约成本，可到头来，好像并没有降低多少，原因就在于这些店铺不注重细节，总想着节约大的成本，认为节省那么一点儿不会改变什么。可事实上，正是这点点滴

滴、一分一厘才构成了店铺降低成本的基础。正所谓“不择小流方以成大海，不拒杯土方以成高山”。

事实证明，通过成本控制获得巨大成功的店铺，无一不是得益于对于细节的关注和追求，把成本管理工作的每一个环节都进行细节处理。

管理无大事，细节见实力。千万别小看一支笔，一张纸的价值，大家要明白积少成多的理念。成本控制应从细节做起，提倡人人节俭，把节俭当成一种企业文化，把这些细节做好，成本控制才能得以实现，店铺才能持续成长。

3. 开支要精打细算

毫不夸张地说，不管大企业还是小店铺，大凡经营得不错的，其经营者必定对成本加倍关注。因为他们知道，要想获得更多的利润，就必须节约每一分钱，实行最低成本原则。

他们有这样的共识：能够节省下来的钱，就绝不浪费。他们精打细算、斤斤计较，甚至被外人视为“吝啬”的人。

百安居隶属世界500强企业之一的英国翠丰集团，自1999年进入中国市场以来，至今已开设了20多家分店，仅2004年的营业额，就达32亿元人民币。就是这样一家在外人看来财大气粗的零售集团，却一直把节俭当成自己的生存之道。

一套成型的操作规定在百安居被使用，该规定从电、水、印刷用品、劳保用品、电话、办公用品、设备和商店易耗品八个方面提出控制成本的方法。比如将用电时间控制为从早上7：00到下午23：30，依据营业、配送、季节和当地的日照情况划分为18个时间段，相隔最长的7个小时，相隔最短的仅有两分钟。

“我们希望所有员工不要混淆‘抠门’与‘成本控制’的关系，原则上‘要花该花的钱，少花甚至不花不该花的钱’，我们要讲究花钱的效益。”《营运控制规定》的前言部分如此写道：降低损耗,人人有责。这种文化的灌输从新员工入职培训时就已经开始，并且会在每天晨会中不断被强化。

以百安居北京金四季店为例，与明亮宽敞的卖场相比，办公区就显得寒碜许多。总经理办公室仅有一张能容6人的会议桌，以及两个毫无档次可言的普通灰白色文件柜，没有老板桌、椅子，和普通员工一样，连扶手都没有，就这几件物品，办公室已不宽裕。

总经理手中的签字笔只要1.5元，由行政部门按不高于公司的指导价去统一采购。这听上去有些令人惊叹，而他们选用廉价笔的理由是，既然都能写字，为什么要用贵的呢?

以百安居运营成本中的人力成本为例，他们对人力的控制，控制的是总量，特别是员工的数量，而对员工的个人收入则不加限制，简单地说，就是人力配置项目与人均利润息息相关。

例如，在北京的一家百安居，2万多平方米的卖场，只有230名员工，平均100平方米配置1名。顾客所看到的店员由三部分人组成:固定员工、供应商所派过来的促销员、配送和收银中的部分小时工。这些人员的衣着颜色和标识上会有区别。

为了节省人力成本，百安居大量聘用临时工。据统计，百安居的临时工占员工总数的20%～30%，主要在部分配送和收银工作中使用。人员配置的调整，主要从部门、全店、全国人力效率（每小时的销售额）的对比为主来考虑，其次再考虑商店的具体情况（如卖场形

状、面积、现货比例等)。人员的配置主要包括与销售相关的部门以及支持部门。

一个人节俭比较容易，而要让超过6000名员工，在超过30万平方米的营业区内将节俭发展成一种组织行为，则难上难。但百安居办到了！

百安居在运营过程中，始终保持节俭、精打细算的作风，这也是它的生存之道。在百安居的管理者看来，店里所有的支出都是建立在可以给顾客提供更多价值的基础之上，而不是无意义的铺张浪费上。于是，有没有老板桌不成为问题，选择廉价笔也理所当然！百安居的管理者深深地知道，顾客不会为你的奢侈买单！

试想，如果在开店初期大肆挥霍，则可能造成集资不足或使店铺规模得不到扩大。更可能增加经营成本，使将来的获利相对减少。

其实，无论大企业还是小店铺，要想获得更多的利润，对各项开支精打细算是很必要的。

美国石油大王约翰·D.洛克菲勒也是一个善于精打细算的人。他经常到美孚石油公司的各个部门查岗，有时会突然出现在年轻簿记员们的面前，熟练地翻阅他们经营的分类账。偶尔还会从口袋中掏出笔记本，快速地记下一些节约小窍门，留给相关员工看。

洛克·菲勒总是抽空写备忘录，把一些节省的心得和批评意见告知管理人员。例如，“你在3月份的存货清单上的记录是还有1.075万只桶塞，4月份的报表上买进2万只，随后用去2.4万只，还剩下6000只。那么，其余750只哪里去了？”作为一个高高在上的美孚石油公司的董事长，能把账算到如此之细，真是令人吃惊。因此，在他晚年，当有人提起这些节约的方法时，他总是自豪地笑道："每一大笔钱，全是我们这样省出来的。"

美孚石油公司能够从一个小小的炼油厂发展到世界上首屈一指的大石油公司，不能不说与洛克菲勒的精打细算有很大的关系。

可见，经营一个大公司都需要精打细算过日子，以节约成本为手段，提高利润为目的，何况开一个店铺呢？

店铺在经营中要对所需的各项费用进行估算，然后想方设法节俭。根据拟建店铺的规模、标准、档次等，对市场上相同或类似的店铺做全面深入的了解和调查，结合市场行情预测整理出具有参考价值的数据，以此为依据对筹建费用进行估算。

主要有以下几方面。

（1）对营业空间（建筑物）费用的估算

无论是租赁、在房产市场现行购买或新建房屋，首先要考虑的是营业空间所在地理位置是否处在"黄金地段"，地段不同，租金、房产的售价和造价相差很大。

所谓一分价钱一分货，若是开设中小型餐厅，对此就应全面权衡，慎重确定，并以市场行情单价为依据，分别进行估算。

（2）设备、设施费用的估算

店铺所要的设备也有档次高低之分，档次较高的设备所需投资较大，一般档次的设备所需投资相对较少。

为了节约成本，购买设备应以实用、耐用、经济为前提酌情选购。各种档次的设备价格都可从市场报价获取，购买时若是成批购买还可获得优惠。在估算设备、设施费用时，应包括运输费和安装调试费。

（3）装饰费用的估算

店铺的装饰包括门面、店面等方面，装饰应以简洁、明亮、雅致为主。能节省则节省，避免豪华装饰，以减省营业前期投入过多的费用。

（4）劳动力成本的估算

店铺劳动成本可按不同人员的工资标准乘以人数来估算。各类人员的工资水平，在各劳动力市场都有平均工资标准可供参考。贷款利息，可根据银行的贷款利率进行估算。如果经营者都是用自己的资金投资，也可按贷款利息计算，凭此反映筹建费用的全貌。

节俭从来就不是个大问题，但却需要大本领才能做得彻底、做得不留遗憾。特别是对于当今零售行业来说，利润微薄的同时还要快速扩张，不实行低成本运营就难以生存，可谓成本决定存亡。

4. 成本控制

在店铺的经营中，成本控制处于极其重要的地位。如果同类产品的性能、质量相差无几，决定产品在市场竞争的主要因素则是价格，而决定产品价格高低的主要因素则是成本，因为只有降低了成本，才有可能降低产品的价格。

什么是成本控制呢？与传统的成本控制相比，今天的成本控制概念变得更为广泛。

传统的成本降低基本是通过成本的节省来实现的，即力求在销售工作现场不浪费资源和改进工作方式以节约成本，主要方法有节约能耗、防止事故、以优质的服务与好的销售技巧进行销售等。在今天看来，这种成本降低是治标不治本的，只是成本管理的一种改良形式。

现代店铺需要寻求新的降低成本的方法，力图从根本上避免成本的发生。成本避免的思想根本在于从管理的角度去探索成本降低的潜力，认为事前预防重于事后调整，避免不必要的成本发生。

成本控制的范围扩展到整个店铺的经营过程。一提起成本，似乎这只是会计与店铺老板所要关心的事情。事实上，它不仅包括店铺直接销售过程中的各种有形的物料及人力的消耗，更应包括店铺的规模、店铺市场的开拓、店铺内部结构调整等无形的成本动因。要对成本进行有效的控制，就需要店铺整体的协调和各部门共同的努力。

成本控制的重点应放在市场的设计和售后服务阶段。传统财务会计关注成本总额与产品数量关系，成本管理的重点是根据以经验为基础的成本计划，建立责任会计，进行生产过程控制，这不能说没有必要。但是，随着市场经济的发展，买者是市场的主体，仅对过程控制还远远不够，店铺要在市场竞争中获胜，必须坚持以市场为导向，将成本控制的重点放在面向市场的设计和售后服务阶段。

奥利凡蒂是一家生产办公用品的公司，在第二次世界大战之前，奥利凡蒂牌打字机曾称霸欧洲市场，但在“二战”结束后，由于商业形势动荡不定，奥利凡蒂公司陷入了前所未有的低谷。

到了20世纪70年代，奥利凡蒂公司的债务已经高达8.5亿美元，仅仅支付利息及提取偿债基金就要花去营业额30%的资金，而自有资本，只是一个可怜的数字——6000万美元。这样的困境，让管理者们觉得回天乏力。

在这种情况下，38岁的德尔贝代蒂受命担任总经理，他立志让奥利凡蒂公司重新崛起，夺回曾经在欧洲市场上的领先地位。于是他对公司的现状做了详细的调查：1977年，公司人均年产值约为25000美元，而最强大的竞争对手人均产值则是40000~55000美元，更不用说

与国际商用机器公司相比了。他立即着手于采取一切措施来控制生产成本，提高劳动生产率。

他首先选择了许多公司经常采用的一种降低成本的方法——大量裁减冗员。奥利凡蒂公司这一年就裁减了约6000名员工，不过后来又增员到22000人，这成了他后来取得成功的“22000把金钥匙”。

他说：“别以为我喜欢这样干，我并不喜欢担任“刽子手”。但这是我唯一的选择，我的前任早该如此决定、他们没有意识到产品由机械操作转变为电子设备操作的广泛含义。现在装备一台电子机器要花费的时间，仅相当于装备一台机械设备所花时间的1/10。”

与此同时，他还采取了其他有效的成本控制措施。例如：从生产机械打字机一下子过渡到电子打字机。德尔贝代蒂决定跳过生产电动式打字机这一级，因为如果走机械式——电动式——电子式打字机的老路，是很难超过对手的。在生产过程的管理上引进计算机控制系统，压缩制品和产成品的库存，减少流动资金的占用。确立成本控制目标，把责任落实到个人。奖励那些把成本控制在预定目标之内、产品质量合格的员工。这样一来，残次品大大减少，产品质量得到了提高。将企业分成若干小块，每个小块进行独立的成本核算。严格控制支出，尤其是非生产部门，削减了大量行政管理费用。寻找原材料的低廉替代品。

三年后，德尔贝代蒂通过削减成本的种种举措，很快把奥利凡蒂公司从死亡的边缘拉了回来。年营业额从10亿美元上升到20多亿美元，成为欧洲最大的数据处理设备生产厂家，并在世界电子打字机行业中树立了自己的品牌形象。

从上述案例可以看出成本控制的重要作用，它可以挽救一个企业的生命。同样，在店铺经营中也应该加强成本控制管理。那么如何管理呢？店铺的经营者首先要了解以下几方面的内容。

（1）控制成本存在的问题

当前，财务管理在店铺管理中的核心作用并没有得到很好的发挥，成本控制没有落到实处，成本管理的思想没有得到创新。

主要存在如下问题：

①高素质财务管理人员缺少：缺少高素质财务管理人员，是影响财务核心作用难以很好发挥的主要问题之一。服装店铺普遍注重对销售人员的培养，而对管理人员的素质提高重视不够。对会计人员重使用轻培养，会计人员满负荷地工作，被动地处理日常事务，很难有时间和精力主动钻研深层次的管理问题，对介入财务管理心有余而力不足。

②不能正确处理财务管理与会计核算的关系：或出于财务认知不足，或出于忙于其他事务，有些店铺经营者在核算事务中，会出现重核算轻管理，重视资金运作和会计结构，轻视会计资料的加工处理和经济活动分析，淡化财务管理自身在企业管理的核心地位和参谋决策作用的问题。有的店铺的经营者其本身并没有财务管理与成本控制的知识能力，却在店铺品牌扩大后仍旧自己进行财力管理。

③店铺变革不到位：大多数店铺经营者、店经理都不能正确地认识到财务管理人员在店铺经营中的重要作用，而是一味地要求其在销售上的指标完成。出现这种现象，主要是因为店铺经营者对店铺财务指标的管理与控制能力跟不上。

（2）成本控制的基本原则

①全面介入的原则

全面介入原则是指成本控制的全部、全员、全过程的控制。全部是对

产品生产的全部费用要加以控制，不仅对变动费用要控制，对固定费用也要进行控制。全员控制是要发动领导干部、管理人员和广大职工建立成本意识，参与成本的控制，认识到成本控制的重要意义，并付诸行动。

②例外管理的原则

成本控制要将注意力集中在超乎常情的情况。因为实际发生的费用往往与预算有出入，如发生的差异不大，也就没有必要一一查明其原因，而只要把注意力集中在非正常的例外事项上，并及时进行信息反馈。

③经济效益的原则

提高经济效益，不单是依靠降低成本的绝对数，更重要的是实现相对的节约，取得最佳的经济效益，以较少消耗，取得更多的成果。

（3）成本控制内容

成本费用控制内容包括：项目、预算、实支金额、差额、理由、对策，经过经营分析达到经费的控制，并实施追踪制度，这样才能杜绝浪费。

此外，店铺在进行成本控制的同时，还必须要兼顾服务产品与服务模式的不断创新，特别是要保证和提高服务产品的质量，绝不能片面地为了降低成本而忽视服务产品的品种和质量，更不能片面追求眼前利益，否则，其结果不但坑害了消费者，最终也会使店铺丧失信誉，甚至关门倒闭。

成本控制反对“秋后算账”和“死后验尸”的做法，提倡预先控制和过程控制。因此，成本控制必须遵循预先控制和过程控制的原则，并在成本发生之前或在发生的过程中去考虑和研究为什么要发生这项成本？应不应该发生？应该发生多少？决定后应对过程活动进行监视、测量、分析和改进。

5. 经营费用的控制

店铺费用支出占营业收入比例很大，比如开一家餐馆，一个月水电费少则千元，多则万元，直接影响餐馆的利润。所以，及时、有效地监督和控制店铺经营过程中的各项费用支出，是提高店铺经济效益的重要途径。

很多人开店时，总想着要扩大规模，多赚些钱，其实控制经营费用就是在赚钱。但是需要注意的是，控制经营费用要合理有度，不能影响店铺的运营。一般来说，店铺进行费用控制的总要求是：在扩大店铺经营服务范围、保证服务质量的前提下，尽量减少各项费用的开支。

宏悦餐馆是位于一条繁华街道的中型餐馆，老板是位40多岁的人。餐馆自开业以来，效益一直不错，每天的就餐时间都是宾客满座。但是，今年以来，餐馆的经营也遇到很大的压力，原材料、煤气等成本上涨，但食客却减少了。

由于餐馆位于东风东路，并非地处广州黄金地带，餐馆做的基本是回头客的生意。虽然餐馆的菜质量并无下降，但人们的消费能力明显降低了，以前每天来吃一次的人，现在是三天才来吃一次。但是，老板认为不能以提价来达到提高餐馆利润的目的，而只能从经营成本方面来开源节流。那么，老板是怎么做的呢？

为了吸引客源，餐馆特别推出了特价菜。每个周一，原价88元的招牌菜酸萝卜老鸭汤，就打出特价48元，使得很多食客冲着特价菜而来。

老板说，特价菜其实成本很高，都是不赚钱只赚人气的，除去配料、煤气等外，有时候还得亏损。入冬以来，餐馆还引进了其他地方

的菜式，比如增加羊蝎子火锅等一些冬季比较滋补的菜式，增强市场竞争力。

目前，餐馆每个月的管理费也要六七千元，老板已经从人工成本、原料成本和其他费用方面进行开源节流。人员方面，从最初的十人减少到七人，但是因为好员工不容易招，员工的工资却不能减，所以必须从裁员腾出来的工资，分配给现在的人员加工资。

人工之外的经营成本，则只能从餐具、煤气、配料等细节方面来节省了。老板说，从细节入手可以节省很多经营成本，比如一块肉如何切，配料如何调制，当中都有学问。为此，老板制定了一套制度，用于奖励那些帮助餐馆节省经营成本的员工，为餐馆节省得越多，奖励也越多。制定奖励制度后，老板发现，由师傅去采购原料，采购价反而比自己亲自去买更低。

此外，老板还制定了以下制度：

①饭菜打折并不是做生意的最佳手段，所以不能随意打折或打折幅度太大。

②特别贵重的菜可以找些辅料垫底。如菜胆、生菜或炸好的白粉丝等。也可用些异形餐具如鲍鱼、蛤蟆造型等小容量餐具盛放。

③采购回来的原料要保证质量。如有以劣充优或缺斤少两的情况，验收员要拒绝验收，初加工人员要不予加工，厨师们有权不配菜不烹调，服务员有权不上菜。

④员工们应相互监督。对不良现象的检举者应该给予奖励，同时要为他们保守秘密。

⑤杜绝乱吃、乱拿和偷盗现象。

通过降低成本，宏悦餐馆创造了一个奇迹，店里的顾客虽然没有往常多了，但是利润增加了。

从上述案例中我们可以看出，节约成本对店铺的重要性。餐馆生意惨淡，利润日益下降，面对这种状况，老板想到了降低成本，从原料到人工，从自身到员工，从大的方面到细节，能降低就降低，能节约就节约。因为他知道，节约下来的每一分钱都是利润，所以时间不长，餐馆利润增加了。这不能不说是降低成本创造了奇迹。

由此，我们知道，店铺在经营过程中要注重成本的问题。那么，店铺的成本费用主要有哪些，如何控制这些费用呢？

店铺费用主要包括营业费用、管理费用和财务费用等。

营业费用：是指店铺在经营中发生的各项费用。营业费用一般包括营业部门人员的工资、福利费、差旅费、折旧费、修理费、服装费、物料用品消耗、低值易耗品摊销、广告宣传费、邮电费、水电费、运输费、装卸费、包装费、保管费、燃料费、展览费、洗涤费和其他营业费用等。

管理费用：是指店铺为组织和管理经营活动而发生的各种费用。管理费用一般包括不分摊到各营业部门的行政管理部门人员工资、会议费、办公费、差旅费、交际应酬费、福利费、工作餐费、服装费以及物料用品消耗、水电费、折旧费、低值易耗品摊销、燃料费、修理费、其他行政活动费、工会经费、员工教育经费、劳动保险费、外事费、租赁费、咨询费、审计费、诉讼费、排污费、绿化费、土地使用费、土地损失补偿费、技术转让费、研究开发费、聘请注册会计师和律师费、应从成本中列支的房产税、车船使用税、印花税、无形资产摊销、开办费摊销、坏账损失、存货盘亏和毁损、上级管理费等。

财务费用：指店铺为筹集经营所需资金而发生的一般财务费用。财务

费用一般包括利息支出、汇兑损失、金融机构手续费等。

店铺费用控制的方法比较多，从传统的费用控制方法来看，主要有预算控制法、主要费用指标控制法、制度控制法、费用定额控制法和费用率控制法等五种方法。

（1）预算控制法

预算控制法是以预算指标作为费用支出限额目标。预算控制即以分项目、分阶段的预算数据来实施费用控制。预算控制法的具体做法，是把每个报告期实际发生的各项费用总额与预算指标相比，在接待业务不变的情况下，要求费用支出成本不能超过预算。这就首先要求店铺要有科学的预算指标。一般编制滚动预算，可以使预算具有较大的灵活性，更加切合实际情况。

（2）主要费用指标法

主要费用指标法是对餐馆经营费用有着决定性影响的指标。其费用总和占餐馆全部费用总额的比重较大。主要费用指标控制，就是抓住主要矛盾，对店铺的主要费用指标实施严格的控制，以保证费用预算的完成。控制主要费用指标，关键还在于规定这些指标的定额，但要注意定额本身应当可行。店铺在制订费用开支限额的同时，还应随时注意非主要费用指标的变化，把费用控制在预算之内。

（3）制度控制法

制度控制法是利用各项费用管理制度来控制费用开支。例如各项开支的审批制度、日常考勤考核制度以及费用节约与超支的奖励与处罚制度，对于努力降低各种费用支出并有显著效果的员工，要予以重奖；对费用控制不力，造成超支的员工要给予惩罚。只有这样才能真正调动员工节约费用、降低费用支出总额的积极性。

（4）费用定额控制法

费用定额控制法是对各项费用规定一个绝对金额做定额，以此对费用支出进行控制。在具体执行过程中，又有两种办法，第一种是支出不能超过这个定额数，如达到定额后财务部门不予支付，这也叫作绝对限额指标控制；第二种是用下达费用指标的方法来实行定额控制，即以是否超过指标来衡量费用支出情况的好坏，并根据指标完成情况进行及时调整和控制。

（5）费用率控制法

费用率控制法是以核定一定时期各部门费用水平应该是多少，作为硬指标，将执行这个指标和上期水平作为衡量执行定额的好坏，同时与奖惩制度挂钩，以此来推动员工节约费用，提高经济效益。

上述的五种店铺费用控制方法，是互相交叉进行的。在店铺经营中，要根据各店铺的规模和特点，组织机构的设置，以及管理工作的需要和条件，灵活掌握运用，只有这样，才能探索出一套适合自身特点、有较强针对性的费用控制体系，以获得理想的费用控制效果，取得良好的经济效益。

开店就要明白一个道理，控制经营费用就是在赚钱，节省一分就是赚了一分。所以，无论经营什么样的店铺都要控制经营费用。但是需要注意的是，控制经营费用要合理有度，不能影响店铺的运营。

| 第六章 |

服务制胜：复制店铺服务从细节开始

第一节 O2O 时代，线下店铺售前服务与准备

互联网时代，电商和实体店激烈竞争，好似水火不容，其实两者完美互补。

当下，商家既拼产品，更拼体验和服务。电商通过线上与用户连接，接下来体验和服务回到线下。当前如火如荼的 O2O（从线上到线下），其本质是服务，更确切地说，是服务线下。

我们都知道，小米是靠互联网起家的，在网上买手机，一开始并没有线下店铺，但是，现在情况改变了。

2015 年 9 月 12 日，小米之家在北京当代商城 6 层正式开业。北京当代商城小米之家是全国第一家商场店，也是目前最大的小米之家，营业面积近 380 平米，营业时间为 10：00—21：30，目的就是让用户体验到更好的服务。

小米科技总裁林斌称，这是小米尝试在线下进行的实体销售，未来可能在全国建更多这样的体验店。一直以线上销售为王、并不断创

造骄人业绩的小米，委身“下线”开体验店，这释放出什么信息？

线上消费，体验永远隔着一层窗纸！

随着O2O越来越被看重，互联网行业兴起了“线下”之风，阿里、京东、百度、腾讯等巨头，争相牵手万达、永辉、苏宁等线下渠道，纷纷踏入O2O的殿堂。消费者的网购习惯已然形成，电商们却“委身下嫁”，究竟有何意图？其实只有一个原因——和消费者走得更近！

电商市场现在已经非常成熟，各行各业都被电商改造甚至颠覆，消费者也乐于享受“一键解决生活所需”的网络购物。但与此同时，消费者网络购物的新鲜感已经不复存在，更加趋于理性，网购的兴奋点越来越难找。虚拟的网络购物，再也无法给消费者带来直击心底的“快感”。

消费者的对消费体验越来越看重，而线上消费，很难给消费者带来直观的体验。它带来的直接影响是，消费者看一眼图片就下单的冲动越来越小了。因此，线上企业缺少线下体验和消费场景，这是他们纷纷下沉的主要原因。

那么做好线下服务就显得尤为重要！

商品销售活动是零售企业经营活动的中心，因此可以将零售服务，依据向顾客提供时所处时间段的差异，大致分为售前服务、售中服务和售后服务三类。从内容上讲，零售服务体系就是由售前、售中和售后服务构成的体系。

所谓售前服务是指开始营业前的准备工作。商店的许多服务项目，在顾客购买商品过程开始之前，经营者就已经进行了精心的安排。

广义的售前服务几乎包括了除售中、售后服务以外的所有商品经营工作。从服务的角度讲，售前服务是一种以交流信息、沟通感情、改善态度

为中心的工作，必须全面、仔细、准确和实际。售前服务是零售企业赢得顾客良好的第一印象的活动，应当热情、主动、诚实、耐心，富有人情味。

美国旧金山有家食品超市，商店门面装饰得相当漂亮。入口处有许多小推车，供顾客使用。顾客推着小车，通过感应自动门，进入售货厅，一进门就能看到有许多台计算机。

顾客根据自己的意图，比如一顿晚餐、四个人的分量、主副食搭配等，分别按下有关键钮，显示屏上就会列出一组组的菜单。每组菜单中列有蔬菜、肉类禽蛋、酒类、饮料、甜点、果品以及各种调味品等。

每一商品名下面还注明它在售货厅中陈列的位置，如第几通道、第几货架及序号。屏幕显示缓慢，以使顾客有充分的时间来考虑和选择。旁边备有纸、笔等便于顾客记录有关资料。

由于商品陈列与菜单上的商品顺序一致，顾客只需依据指示的线路取货，就不会走冤枉路。商店在编制各种菜单的程序之前，都要经过周密的调查研究，并根据各阶层顾客的收入水平、爱好、风俗习惯，照顾到各类需求编列菜单。它既能为顾客当好参谋，使他们买到自己喜爱的菜肴，又吸引了许多顾客成为常客。

美国和德国的一些服装店，还向顾客推出了“形象设计服务”。店里专门聘请形象设计专家，为每位前来的顾客进行形象设计。由专家根据顾客的身材、气质、经济条件等情况，出主意、作参考，指导顾客该买什么样的服装，配什么样的领带或饰物，头发做成什么式样才与服装、身材最为相称，以及足登何种款式及颜色的鞋，方能相得益彰等。

这样就使得服装以及各种配套物品最能体现顾客长处。这一服务推出后，一时间商店顾客如云，并且大都是服装、饰物整套购买，生意大火起来。

这项售前服务设身处地地为顾客考虑，投其求美的心理，从扬长避短、掩丑显美入手，有效地调动了消费者的购买欲望。

商家一定都明白，经营者与顾客之间是服务与被服务的关系，售前服务对商店销售来讲必不可少。售前服务不仅可以让顾客更加满意，而且还可以达到促销和塑造企业形象的目的。

1. 与销售相关的服务项目

下面重点介绍几个直接和商品销售工作有密切联系的服务项目。

（1）综合咨询服务

顾客进入商店时，或多或少都会有一些待于解决的问题。商店如果能够选派几名有一定水平的业务人员开设综合咨询服务，对于方便顾客购买会有相当大的作用。

（2）连带配套销售服务

连带配套销售服务是指把某些具有连带性的商品或者配套使用的商品按照顾客的需要组合在一起，以便顾客一次购买。比如一些商店针对新婚夫妇的需求，推出了各种型号、各种价格档次的家具及电气设备的组合，打消了顾客的犹豫，促进了他们的购买决心。

（3）流动售货服务

流动售货服务即在商店以外的地方出售商品。这种方式能提高销售额的主要原因是它能减少顾客的往返时间，同时实物被摆在顾客面前，也容易激发顾客的潜在需要。

（4）缺货代购服务

商店掌握的商品信息比顾客要多得多，这是代购服务的出发点。显然商店经营的花色品种很可能不能满足顾客的需要，在这种情况下，就必须要有缺货登记、代客购买服务。这种服务一般是收费的。

（5）租赁服务

顾客需要租用某种商品的主要原因是需要临时使用，出租结婚礼服就是一个典型的例子。商家向顾客出租商品的服务，近年来发展迅速。租赁业务的开发会吸引来更多的顾客，他们租用某种商品时会连带购买其他的商品，因而会带来相当的利润。

2. 提高服务意识

我们说，如果一家门店没有顾客光临，生意就会倒闭，因此顾客的价值是显而易见的。但是人们可能不太了解这个事实，如果没有足够数量的固定顾客，没有几家店铺能够维持很久。店铺生存和成功主要取决于通过优质服务留住固定顾客，而不是依赖促销手段和闪电式的销售策略吸引一次性顾客。

每个顾客进入店铺，都对商品和服务的质量有一定的期望值，也对与企业打交道时的经历有一定的期望值。如果店铺的服务水平超过了他们的期望值，他们就会有较高的满意度；如果店铺的服务水平没有达到了他们的期望值，他们就会有到较低的满意度。

在每个顾客的头脑中都有一个天平，将他得到的服务与他的期望值进行比较。如果还是照搬一成不变的服务模式，甚至机械化的服务流程，无法提供顾客以惊喜的差异化服务，会对店铺未来赢利带来不小的隐患。

顾客潜在的价值分析表明，当不满意的顾客走出店门时，他们将带走一大笔未来的生意。而且，如果不满意的顾客把他们对企业的坏印象告诉其他人，也增加了损害未来生意总量的危险性。

心理学家勒伯夫指出，不满意的顾客平均会把其对企业的不满告诉8～10个人，而每5个不满意的顾客中，会有1个人把其不满告诉20个人。对于一般的企业，吸引新顾客所花的费用是留住老顾客的6倍。其中有个问题需要重视，就是大多数情况下，顾客忠诚度的价值是每一次购买交易价值的10倍。

对每个行业来说，吸引新顾客和新员工都是重要的，但是如果不在服务策略上投资，留住老顾客和老员工，店铺型企业几乎不可能长久的生存下去。虽然大多数服务性企业无法留住100%的顾客和员工，但是追求一个较切合实际的目标，例如，80%的保留率，可以给门店带来较高的利润水平。

一个店铺型企业如何能达到80%的保留率目标呢？心理学家勒伯夫在一次关于“为什么顾客离开了”的问卷调查中可能已经找到了线索。这次问卷调查的结果如下：

3%的顾客搬家走了；

5%的顾客与其他公司交上了朋友；

9%的顾客由于竞争的原因离开了；

14%的顾客对产品不满意；

68%的顾客因为店主、经理或一些员工的冷漠、平淡的态度而离开。

所以，如何推陈出新，打破传统的服务流程模式，增加更多忠诚的顾客是未来店铺之间竞争的制胜法宝。

在市场竞争十分激烈的今天，必须营造轻松、愉悦的氛围，塑造店铺精品意识，追求的服务必须是规范、个性、超值，甚至是令顾客备受感动的服务，以满足多层次、多方面、多变化的服务要求。优质的服务主要体现在以下四个方面：

（1）微笑、问候、礼貌

每一位顾客，在踏入店铺大门时，都希望见到服务员亲切的微笑，热情、真诚的问候，彬彬有礼的举止，这是店铺留给顾客的第一印象，也是顾客得到尊重的第一感受和情感需求。

（2）高效、规范、准确

无论什么原因，过久的让顾客等待，都会使店铺的服务大打折扣，甚至招致顾客投诉。99%的顾客都希望得到快捷、规范、精确的服务。

（3）尊敬、关心、体贴

尊重、关心、体贴是店铺留住老顾客，吸引新顾客，提高服务质量，与顾客建立朋友、亲人般关系的基础，是服务行业经营管理的生命。

（4）诚实、守信、忠诚

店铺工作人员不但要尊重、关心顾客，还要忠诚于企业，忠诚于自己从事的服务事业，更要忠诚于顾客，要诚实可靠，守时履约，诚信待客。

第二节　把握好售中服务

售中服务又称销售服务，是指买卖过程中，直接或者间接地为销售活动提供的各种服务。现代商业销售服务观点的重要内容之一，就是摒弃了过去那种将销售视为简单的买卖行为的思想，而把销售过程看作是既满足顾客购买商品欲望的服务行为，同时又是不断满足消费者心理需要的服务行为。

优秀的销售服务为顾客提供了享受感，从而增强了顾客的购买欲望。融洽而自然的销售服务还可有效地消除顾客与营业员之间的隔阂，在买卖者之间形成一种相互信任的气氛。商业心理学家们通常认为这是最有利的成交时机。

销售服务在更广阔的范围内被商店经理们视为商业竞争的有效手段。日本一家商店的经理曾经说："如果一个雇员在销售过程中没有能够表现出优秀的服务，那么他带给商店的损失就不仅是一笔未能做成的买卖，而是损害了商店的信誉，这样做，企业丧失的利润可能微不足道，但是这样做的后果将使企业丧失竞争能力，这是令人不能容忍的。"

人类行为科学也开始将销售服务活动作为研究对象，它更多地是从如何提高销售服务的效益这个角度出发的。这在另一个方面给零售企业的经营者们以新的和有益的启发，说明销售服务是一个有很大潜力可以挖掘的管理课题。

一位名叫贝里的顾客，走进美国旧金山的诺德斯多姆百货商店，他想给妻子罗莎带点礼物回家。女店员多奎罗斯接待了他。她建议贝里为妻子买几条围巾，并熟练地把各种围巾的价格报了一遍。在帮助贝里挑选好了花色之后，她又灵巧利索地将六种系围巾的方法做了示范。由于担心贝里还没有完全掌握要领，多奎罗斯又送给贝里一本介绍了40种围巾系法的小册子。

在闲谈中，多奎罗斯发现贝里的儿子喜爱玩四轮滑板，又陪贝里上二楼挑选了一套滑板运动员爱穿的时髦运动衫。然后，又一道回到

自己的柜台，包好礼品，开好发票，并送给贝里一张自己的名片。顺理成章的事情随后发生了，贝里为多奎罗斯的服务感到惊叹，以后他就成了这家商店忠诚的顾客。

从这个例子我们不难看出，营业员对销售活动的影响至关重要。一个成功的营业员所应具备的素质与其他任何企业的工作人员是相同的，如果说有特殊之处，那么就是在与顾客打交道时要有更好的服务。

顾客是零售企业商品销售过程中的核心要素。除非顾客对于他们在商店中受到接待、买到的商品和得到的服务完全满意，否则销售活动就不能算成功。

在这方面，消费心理学为零售经营者提供了许多值得借鉴的基本理论常识，其中对于提高销售服务质量有重要帮助的是有关消费者的需要、动机和态度的理论。

总之，如果说售前服务使潜在顾客产生购买意向，初步做出购买决定，那么售中服务就是使这种意向和决定转变为购买行为，实现交易。由于售中服务对象明确，因此提高服务的针对性尤其重要。

1. 提高最优质的服务

在社会和技术日趋进步的今天，不但要以最快的速度推出顾客所需要的服务，也要尽快地挖掘出顾客的潜在需求，并开创出相应的服务以吸引和保留更多的顾客。

美国销售学家维特曾说过，未来竞争的关键不在于企业能生产什么，而在于商品能提供多少附加值。由于社会信息的畅通和市场运作的规范，在商品、价格、渠道和促销等方面相互模仿与借鉴，竞争空间日益狭小。

同时，随着消费者消费意识的觉醒与消费知识的丰富，商品市场不断完善与成熟，企业想要赢得长久的竞争优势，就需要更新原有的销售观念，向更高层次迈进。这种全新的经营理念就是为目标顾客提供超值服务。

当然，服务不仅仅是指企业制造出商品价值和提供服务本身附加值，更重要的是要创造符合顾客价值评判，超出顾客期望值的服务，要主动以爱心、诚心、耐心给予顾客更多的人性化的关怀，为顾客建立起友好的亲情关系，增强顾客对企业的信赖感，达到不为其他竞争对手所及的程度。

如今是以服务取胜的年代，让顾客满意是这个时代企业活动的基本准则。服务甚至可以说成为了一项形象工程。作为一名出色的店员，服务首先就要“超越销售”，不断外延商品的附加值，主动增加服务功能与品种，提供快速便捷的服务，随时做好准备提供各种意想不到的服务和某些特殊服务。其次，要加强对顾客的“消费沟通”，向顾客提供知识化、信息化的服务。最后是要提供“温馨服务”，以情感化、人性化的销售行为培育顾客，让顾客时刻感受到实实在在的真诚享受。

具体地讲，一个卓越的店员要能做到以下几点：

（1）重视顾客

不论从事何种服务，重视顾客都是非常重要的。拥有忠实的顾客群，是一家店铺成功的必要因素。所以，作为店员要重视任何一个顾客，让顾客感受到服务满意。

（2）确立超值服务的理念

应该掌握超值服务的理念，以指导自己的服务实践，为顾客带来超值享受，确保顾客的忠诚。

（3）耐心细致，态度要和蔼可亲

在提供服务时，应该让顾客感觉到你是真心为他服务，而不是敷衍塞

责。这就要求店员在提供服务时态度一定要好，对顾客的问题要及时耐心地解答。良好的沟通是提供良好的顾客服务的关键。当顾客致电投诉或反映问题时，是希望得到重视，得到帮助。作为店员要设身处地为顾客设想，体会顾客的感受。

（4）细心观察，捕捉顾客的超值服务点

通过细心观察了解顾客真正关心的问题、困难，然后给顾客提供帮助，这是赢得顾客忠诚最好的办法。服务一定是在自己力所能及范围内进行，防止不切实际的承诺或盲目的行动。

（5）做好微笑服务

微笑不是一种职业化的笑脸，是微笑者积极的人生态度的表现，是他们充盈的内心世界真实、自然地流露。

要相信微笑的力量。微笑往往会给人乐观向上、自信的印象，容易让人产生信任感。因此在微笑之前，你需要相信微笑有一种感染人的积极力量，富有自信的微笑更能打动人。

据说，美国旅馆业巨头，人称旅店帝王的希尔顿尚在默默无闻的时候，他的母亲就告诉他，必须找到一种简单容易、不花本钱但行之长久的办法去吸引顾客才能成功。希尔顿最后找到了这个办法，那就是微笑。依靠“今天你微笑了吗”的座右铭，他成为了世界上富有的人之一。

2. 创造顾客体验

关注顾客需求，不仅要关注顾客的理性需求，还要关注顾客的感性需求。顾客体验突出了顾客感性需求的重要性，通过技术与人性、科学与艺术的有效结合，在实现基本的功能和性能的基础上，使产品更加人性化，从而创造出使顾客难忘的体验，让产品和顾客产生共鸣。

简单地说，顾客体验就是顾客对产品或服务的心理感受。

例如，人们去星巴克喝咖啡能感受到休闲、享受以及小资情调。

青少年穿耐克鞋的酷炫感受，人们使用宜家家具能享受到的简约而不失时尚的生活方式。

可见，顾客获得的不仅仅是带来实际功能的产品，而是一种感觉、一种情绪上，体力上、智力上甚至精神上的体验。

为了进一步了解顾客体验，这里把顾客体验分为三个层次，即感官体验、使用体验、结果体验。

（1）感官体验

产品可以对顾客产生视觉、听觉、触觉、嗅觉及味觉等感官刺激，顾客通过感官刺激可以获得的心理感受。感官体验是顾客对产品最直接的体验，也是最容易感受到的。

例如，星巴克把典型美式文化分解成感官体验的元素：视觉的温馨，听觉的随心所欲，嗅觉的咖啡香味等，透过巨大的玻璃窗，看着人潮汹涌的街头，轻轻啜饮一口香浓的咖啡，这些都非常符合都市白领的感觉体验。

（2）使用体验

顾客在产品使用中的感受是顾客对产品的进一步体验。产品使用体验的目标是使产品易用、性能好。比如，你去酒店体验的菜品，如何能达到顾客的需求，只有去吃过的人才懂得。

（3）结果体验

顾客在使用产品的功能之后所产生的体验，被称之为结果体验。比如，使用电饼铛或面包机做出了美味的面食，会使制作者产生成就感，这就是典型的结果体验。

3. 以顾客为中心的思维

做好顾客需求挖掘，一个重要的前提是建立以顾客为中心的思维方式。原因很简单，今天，市场竞争激烈，各种各样的店铺遍地开花，顾客在选择上占据了主导地位。

以顾客为中心，可以说是一个广为流行和认可的经营理念，然而，在店铺实际经营中，却常常有意无意地远离了以顾客为中心，主要有以下三个表现：

（1）以自我为中心

以自我为中心，就是完全以企业管理者的品位、喜好为导向，这样就会离顾客的真实需求越来越远。

（2）以老板为中心

比起以自我为中心，管理者更棘手的问题是如何处理来自老板的想法、建议甚至命令。如果老板的想法和顾客的想法比较吻合，这就不是什么问题。管理者不经过调研分析，完全以老板为中心，产品也很有可能远离了市场的需求。

克服以老板为中心，需要管理者能够深入市场、接近顾客，拥有一手的事实和数据，并在此基础上，与老板进行讨论。当然这需要管理者改变那种过于迎合、为其马首是瞻的思维模式。

（3）以竞争对手为中心

管理者在研究分析竞争对手的产品的时候，有时容易陷入竞争对手的思维框架中，尤其管理者在面对强大的竞争对手，或者是市场反映良好的商品时更容易这样。

然而，可能会存在以下问题：竞争对手和本店的实力不一样，别人能做出的，自己未必有能力做出来。这种情况容易造成商品质量、服务等同质化严重，使商家陷入价格竞争，当本店模仿别人推出新品后，竞争对手已经降价了等。

第三节　提供优质的售后服务

售后服务是商店为已购商品的顾客提供的服务。传统的看法把成交或推荐购买其他商品的阶段作为销售活动的终结，然而在新产品剧增，商品性能日益复杂，商业竞争日渐激烈的今天，商品到达顾客手中，进入消费者领域后，商店还必须继续提供一定的服务，这就是售后服务。

售后服务可以帮助商家有效地沟通与顾客的感情，获得顾客的宝贵意见，以顾客亲身感受的事实来扩大影响，它最能体现商家对顾客利益的关切之心，从而树立商家富有“人情味”的良好形象。

有人认为，售后服务就是把“商品出门，概不退换”改为“包退包换”，提供免费运送、安装、维修。事实上，售后服务作为一种服务方式，内容极为广泛。如果说售中服务是为了让顾客买得称心，那么售后服务就是为了让顾客用得放心。

上海金陵中路的雪豹皮革行，曾经因为顾客在店铺门前排长队，堵得街道水泄不通，而向过路行人道歉。为何顾客钟情于“雪豹”？

原来，“雪豹”除了有优质的商品、新颖的款式、公道的价格、舒适的购物环境外，还有完善的售后服务。该店承诺，5 年内发现质量问题，免费保修，非质量问题仅收成本费；夏天不穿皮夹克时，经过店内去污、上光、上色一条龙服务后，可免费保管到 9 月份。这些措施在同行中绝无仅有，但解决了顾客的后顾之忧。这样就难怪寒潮一到，顾客就要排长队；难怪商店大门被挤坏了 3 次；也难怪在并不算寒冷的 8 月，也可售出皮夹克 1 万件。

售后服务大体上有两个方面：一是帮助顾客解决诸如搬运大件商品，常常使顾客感到为难的问题。商店代为办理，为顾客提供了方便；二是为顾客提供保修、知识性指导等服务，使顾客对店铺产生安全感、信任感。这样就可以巩固已经争取到的顾客，促使他们连续购买，同时还可以通过这些顾客进行间接的宣传，影响、争取到更多的新顾客。

在许多种售后服务中，有几种是值得重点考虑的。

1. 商品的退换服务

一个有自信心的经营者一定要做到使顾客买了商品后感到满意。除了食品、药品等特殊商品外，如果顾客买了东西后又觉得不太合适，只要没有损坏，就应该高高兴兴地给顾客退换。

如果的确属于质量问题，还应当向顾客道歉。

有一位留学生在国外一家商店买了一块手表，戴了两年出了点毛病。他拿着手表到商店里去，想请他们给修一下，结果店员检查之后说是质量问题，一定要坚持给他换一块新表。

这种做法，看起来商店吃了亏，但是顾客一定会为商店说好话，有利于提高商店的声誉。

有些商店则明确表示："当面看好，不退不换"，这样做固然省事，但给人一种质量没有保证、拒人于千里之外的感觉。

2. 修理服务

对零售企业而言有三种含义：

（1）对于本店售出的商品的保修业务；

（2）对于非保修范围内的顾客用品的修理；

（3）对于顾客准备购买的商品，由于其中某些可以改变的部分不符合顾客的需要而要求商家进行的修改服务。

这三种修理业务都有利于商店的业务开展。保修业务是商店出售商品的质量保证，除了及时为顾客提供修理服务之外，还必须查明原因，一方面向顾客交代清楚；另一方面登记入网，作为商店制订商品质量或销售工作质量标准的依据。对于非保修范围的顾客用品，也要尽可能地帮助修理，这样可以提高商店的声誉，以吸引顾客。

归结到一点，售后服务即商品销售后为顾客所提供的服务，这除了一般性的送货上门服务，以及退换货和修理服务外，最主要的就是获悉顾客对商品使用后的感受和意见。为了吸引顾客再次光临购物，对于顾客需求商家必须有深入的了解，以求提供给顾客更进一步的服务。

| 第七章 |

线上线下开店，永远关注绩效

第一节 线上线下交互购物与绩效管理

线上购物和线下购物，在当前已经是并存的情况，它们各有自己的优势，比如线上购物可以让顾客足不出户，享受便利和低价，而线下购物体验感更强。很多人认为，线下购物是一种愉快的家庭外出活动，并非常享受在实体店铺购物带来的愉悦和满足。

商业交互时代已经到来，现在，消费者已经不再单纯采用单一的线上或线下的购物方式，而是根据自己的需求，选择最适合他们的方式。所以，对零售商和生产商而言，能够灵活运用线上和线下两种销售渠道，不论何时、何地都能满足顾客愿望的，才是真正的成功。

即使是在实体店铺内，零售商也可以利用线上服务来提升营业额。比如通过线上和移动终端的优惠券、购物清单、下载零售商或者会员 APP（应用程序）、扫描二维码获取更多信息、店内无线网络在线支付等数字技术的店内应用。

实体店铺可以通过店内线上服务的方式为消费者带来轻松、方便、个性化的体验方式。提供线上服务，已经不是一件可有可无的事，因为这将在很大程度上会提升消费者的停留时间、参与程度以及客流量。

下面我们来看一个案例。

优衣库是日本一家服装商店的品牌，成立于1963年，从最初销售西装的小服装店，发展成在全球多国开设实体店的大公司，积累了很多可借鉴的经验，并随着互联网技术的发展，从线下走到线上，成为服装行业互联网化的标杆企业。

与传统服装品牌O2O做法不同，在全球经济萎缩的背景下，优衣库非但没有缩减实体店的数量，反而在全球范围内加速开店。优衣库大中华区与欧洲地区业绩都呈现持续改善状态。

优衣库的O2O逻辑并不是简单的进军网购，而是通过线上产品强化人们对优衣库品牌和产品的认知。

2008年，优衣库在博客上推出将美女、音乐、舞蹈与当季主打服装结合起来的时钟UNIQLOCK，这个时钟可直接浏览，也可下载。时钟上面显示当前时间，每隔5秒就会有一段随机出现的影片，影片中人物穿着优衣库的服装进行有趣的表演，吸引用户眼球的同时刺激用户的消费欲望。

2009年，优衣库推出特色日历UNIQLO CALENDAR，同样为用户展示优衣库当月售卖的服装及配件；2012年，优衣库闹钟UNIQLO WAKE UP以APP形式上线，上线4周，下载国家和地区达到196个，范围远远超过其实体店覆盖的区域。

当然，还有比较传统的SNS（社交网络服务）营销，优衣库的合作对象包括Facebook（脸书）、Twitter（推特），国内的人人网SNS（专指社交网络服务）营销。一方面在品牌推广上起到了很好的作用，另一方

面优惠券的形式为优衣库线上流量、线下实体店销售额都带来了增长。

对于进军网购，优衣库采取了直销及在天猫等网上商城分销两种结合的策略。2000 年 10 月，优衣库开始实行网上直销；同一年，优衣库直营店铺数量超过 400 家，随后优衣库开始加速扩张，在一年后，优衣库直营店铺数量超过 500 家。

其在中国的网络旗舰店于 2008 年 4 月 16 日以 Uniqlo（优衣库）淘宝商城店铺和外部网店同时发布的形式上线，开店初期平均每天销售量为 2000 件，而到目前，优衣库线上销售额与其一个顶级门店的销售额不相上下。线上销售额一方面来源于优衣库天猫旗舰店，另一方面来源于其官网，优衣库官网平台使用的也是淘宝支付系统，维护方面同样是与淘宝合作。

当然，涉足线上并不意味着线下店面的缩减，2002 年 9 月，优衣库在中国开设首间实体店，截至 2014 年 4 月底，优衣库在中国大陆的实体店铺数量为 325 家，并计划每年新开 80 ~ 100 家。

优衣库除了在线上营销环节做出了不少吸引眼球的动作外，也一直将线上与线下融合的原则放在第一位。无论是线上向线下导流，还是线下反带流量到线上，优衣库的这套系统是相对完整的。

业绩是大家常常挂在嘴边的词，是所有门店都关注的重要课题。那么，业绩到底是什么？

业绩，一般人的理解就是门店的工作成果，但是这个认识是非常片面的。业绩是指具有一定素质的员工围绕职位应负的责任所达到的阶段性结果，以及在达到过程中的行为表现。

从业绩管理的概念中我们可以看出，业绩管理包含几个重要方面：就目标及如何达到目标需要达成共识；业绩管理不是简单的任务管理，它特别强调沟通、辅导和员工能力的提高；业绩管理不仅强调结果导向，而且重视达成目标的过程。

业绩管理是门店管理体系中不可缺少的一环，有效的业绩管理会给门店日常的管理工作带来巨大的好处。如果业绩管理运用得当，对每个人，包括员工、各级管理人员和门店都会有明显的帮助。

门店的各级管理人员在工作过程中，经常会为以下事情感到烦恼：工作需要进行精细管理并深入到每一个具体事务中去，但时间不够用；员工们对他们的工作缺乏了解，工作显得不够积极主动；员工们对谁应该做什么和谁应该对什么负责有异议；员工们给经理提供的重要信息太少；问题发现太晚以致无法阻止它扩大；员工们重复犯相同的错误，等等。

尽管业绩管理不能直接解决所有的问题，但它为处理好其中大部分问题提供了一个工具。只要门店管理者投入一定的时间，和员工形成良好的合作关系，业绩管理就可以使门店的上级管理者不必介入到所有具体事务中，可以通过赋予员工必要的知识来帮助他们进行合理的自我管理，可以减少员工之间因职责不明而产生的误解，可以减少出现当上级主管需要信息时没有信息的局面，可以通过帮助员工找到错误和低效率的原因来减少错误和偏差。

业绩管理是门店战略执行的重要管理机制，很难想象一个没有业绩管理机制的门店能够成功地执行它的战略并实现它的战略目标。因此，从战略的层面来说，业绩管理是门店战略管理机制的重要组成部分，是门店战略实现的重要工具。

但是从操作的层面来说，门店实行业绩管理主要出于以下考虑。

1. 业绩管理无法管理那些不能考核的东西

对于无法使用业绩考核的部分，管理者要能够发现，并及时关注，避免出现问题。

2. 业绩管理无法改善不能考核的东西

设定一个新计划很容易，但如果没有前前后后的一些数据，计划设定者将无法弄清业绩是否真的得到了改善。

3. 高业绩的团队和员工需要有明确的目标

要想产生高业绩的结果，就必须先对业绩本身有一个明确的定义，使员工一看到它就明白自己该做些什么。

4. 需要对业绩进行量化

如果门店想基于业绩来支付报酬，就要让员工清楚，他们的报酬是怎样得来的。

第二节 线下店铺，设计业绩管理体系

1. 基础业绩管理体系

在现阶段店铺的业绩管理工作中，很多店铺管理者都非常关心应该如何设计一套卓有成效的业绩管理体系。而业绩管理体系设计确实是业绩管理中关键性的技术环节。

一般来说，一套完整的业绩管理体系的设计包括以下几个方面。

（1）考核方法的选择

店铺到底选择什么样的业绩考核方法，是选择某一种业绩考核方法，还是选择集中业绩考核方法的综合。

（2）考核者的选择

在业绩考核中到底选择谁作为业绩考核的考核者，是上级考核还是上级和同级共同考核等。

（3）考核指标的提取

在确定考核方法之后，店铺还必须决定对每个部门和岗位用什么指标来进行考核。

（4）考核指标权重以及标准的设立

在考核指标确定之后，店铺还必须要确定各个考核指标的权重分别是多少，考核指标的标准怎么确定。

（5）业绩考核结果的应用

业绩考核的成效必须把考核的结果和其他体系结合才能够体现出来。店铺到底是为什么进行业绩考核，是为工资调整、业绩改进、职位异动，还是培训。店铺必须在业绩管理体系设计之初就要做出决策。

2. 高效业绩管理体系的特征

优秀的业绩管理体系是什么样的？很多管理者都希望知道这个问题的答案。

从最终结果来看，一个好的业绩管理体系一定是这样的：被考核的人员觉得是可接受的，考核人觉得是可操作的，店铺经营者觉得可以鼓励员工努力工作，并可以凭借该体系保障店铺经营目标的实现。

因此，一个好的业绩管理体系至少包括以下内容：人员岗位的合理安排；详细的岗位职责描述及对职工工作的合理培训；明确工作职责和目标；尽量量化工作内容；考核内容合理分类；业绩文化的建立；沟通和反馈机制；给员工申诉的机会，等等。

尽管每一个店铺的业绩管理体系都必须根据自己的经营战略、企业文化和管理基础进行量身定做，但是有效的业绩管理体系都必须具备以下五个方面的特征。

（1）持续性

把业绩管理当作由计划、指导、评估和奖励所组成的持续体系来建立。人力资源管理过程中的四个支柱仍是计划、训练、评估和奖励，削弱之中的任何一项，整个体系就会受损。这是一个持续的过程，包括设立关键目标、监督实施过程、纠正实施中的偏差并给予反馈、对结果进行奖励和认可。

（2）指示性

业绩管理需要同具体的经营目标挂钩，需要由高层推动。为解决业绩衡量的困境，把目标与业务战略挂钩并与员工清晰地沟通，使员工能够理解他们的工作目标与店铺的关系，是非常必要的。业绩管理必须为实施战略变革提供方向指示，业务驱动因素（如顾客服务或质量改进等）需从空谈走向实际行动，并成为每个员工工作的一部分。

（3）量化性

业绩考核指标建立在可量化的目标和行为能力的基础之上。大多数店铺都十分看重销售额、利润和营业收入这样的财务指标，这类指标大部分关注短期财务业绩。但是近年来，许多非数字化的指标如顾客满意度或新产品开发等变得越来越重要。这些非量化的分层分级的指标，虽然能使个人目标与门店业绩指标相联系，但许多员工经常抓不住完整的工作要领。

（4）义务性

业绩管理是各级管理者应尽的义务，各级管理者必须主动参与。在业绩管理中，管理人员缺乏责任感是常见的重大缺陷。如人们通常认为业绩管理是人力资源部门的事，而不是部门经理的事。部门经理不认为业绩管理是他们的义务，反而认为是额外的工作。所以，人力资源部门要求部门经理提供员工绩效表格，以管理员工工资。

（5）联系性

高效业绩管理体系必须与其他体系挂钩，尤其是和薪酬体系挂钩。当门店改变其薪酬体系时，会向员工传达两个信息：什么是重要的？员工应当重视什么？新的经营方向要求新的优先次序和新的行为。业绩管理计划中，对顾客服务或团队能力的考核结果，本身就会成为门店战略、价值观和使命的强有力的表述。

3. 如何选择考核方法

很多店铺在选择业绩管理方法的时候，往往都是经营者在什么地方听说了一个考核方法觉得很好，于是想要在自己的店铺内操练一把，这样跟风、赶时髦往往是以失败收场。那么，到底如何理性地选择适合门店的业绩考核方法呢？

最先进的办法不一定是最好的，最完善的办法也不一定是最好的，最合适的办法才是最好的。那么，店铺如何选择业绩管理方法呢？

（1）根据管理基础选择

有些店铺连基本的业绩管理观念和数据管理体系都没有，硬要施行一些要求较高操作较复杂的业绩管理方法，最后弄得反倒是“四不像”。店铺的管理基础包括很多方面，例如，店铺管理意识、店铺的管理制度、店铺的信息管理系统、店铺的人员素质、店铺文化形态，等等。

（2）根据目的选择

每一种评估方法都有其相对的优缺点，要针对不同的业绩评估目的，采用不同的评估方法，以期实现方法与目的的匹配，来避免评估过程中易犯的一些错误。

（3）根据门店企业文化选择

不同的店铺管理方法不同，对考核方法的选择与实施的影响也会明显不同。这主要是因为门店的分工特征、商品特征、人员特征不同，管理文化不同，对业绩形成的影响是不一样的。因此，在选择考核方法的时候，经营者需要认真考虑。

4. 选择业绩考核者

考核者的选择是指店铺在设计业绩考核制度时，选择谁来进行考核。在店铺中可供选择的考核者包括上级、本部门同级、其他部门同级、下属和顾客等。

考核者的选择是业绩考核体系设计中的重要一环，业绩考核者的选择直接关系到最终考核实施的效果。在实际工作中，有的店铺尽管有一定规模，但最后考核仍然是领导一个人说了算；有的店铺采取矩阵式的管理方式，员工跨部门的工作占了非常大的比例，但是考核仍然是直接上级领导说了算……

这些做法无疑是选择业绩考核者时犯了错误，这么做的结果可想而知。所以，由谁进行考核，主考核人的意见，在考核结果中所占的比例大小等问题，都是经营者必须考虑的。

那么店铺根据什么来决定由谁来对一个部门或者一个岗位进行考核呢？一般来说，业绩考核者的选择主要依据以下三点。

（1）谁掌握业绩信息选谁

由于工作的特征不同，有的岗位的业绩信息由直接上级掌握，有的岗位的业绩信息则由多个主体掌握，例如上级、同事、下级甚至是跨部门的领导，所以必须根据掌握业绩信息的情况来确定业绩考核者。

（2）谁考核成本低选谁

考核成本过高，不利于考核的最终结果。考核体系过于完备，“看上去很美”，但是也正因为如此，操作起来极其烦琐，牵涉的考核者非常多，考核的程序非常长，考核所需要花费的时间和所需要投入的人力非常巨大，这样做的结果无疑是得不偿失的。所以，谁实施考核的成本最低就选谁来进行考核。

（3）根据适度原则来选人

既不能够产生“一言堂”，也不要矫枉过正。在店铺员工业绩考核中，往往特别忌讳“一言堂”的现象，应避免因为某一个管理者个人好恶而影响整个业绩考核成效。于是很多门店在业绩考核制度中都设置了相互制衡的措施，这种措施在一定程度上是必需的，但是也切忌矫枉过正，制衡过度。这样的结果要么是大家一团和气，要么是互相拆台。所以，店铺在业绩考核者的选择方面必须保持适度的制衡。

5. 如何设立考核指标

考核指标指的是从某些方面对工作产出进行衡量或评估，它解决的是需要“评估什么”的问题。考核指标的选择对于一个具体的业绩考核方法来说是最为关键的环节，考核指标是门店战略导向的风向标，是门店传达对员工工作业绩和行为期望的有力工具。

（1）门店经营业绩计划

考核指标的选择是门店业绩计划的重要组成部分，在提取部门或岗位的考核指标之前，必须明确制订门店的经营业绩计划。

一般来说，店铺经营业绩计划及评估内容包括各类关键业绩指标。权重，即列出按业绩计划及评估内容划分的大类权重指标，以体现工作的可衡量性及对门店整体业绩的影响程度。目标值的设定包括对关键业绩指标设定目标值和挑战值两类，以界定指标实际完成情况与指标所得业绩分值的对应关系。业绩评估周期，门店经营业绩计划的评估周期一般为一年一次。

综合各类店铺的经验，一般来说店铺都采取以下步骤来制订门店的经营业绩计划：

首先，由零售企业的总公司（总店）下达业绩管理系统实施文件；

其次，确定总公司（总店）业绩考核指标体系，提出考核方法，推动计划确定，搞好后续管理，收集汇总数据，计算业绩分值；

再次，总公司（总店）经过与各子店铺商讨，确定对店铺的业绩考核指标体系；

最后，各子店铺经过与各部门商讨确定部门业绩考核指标。

（2）业绩考核指标的来源

一般来说员工的业绩考核指标有三个来源：店铺战略、岗位职责和店铺特殊问题。

店铺战略首先分解为战略成功关键因素，然后落实为店铺的经营业绩计划，最后分解为店铺各部门的主要价值贡献点，部门的价值贡献点又结合部门内各岗位的岗位职责分解为部门内各职位的关键成果领域。

同时，店铺各部门或各岗位在每个考核周期内都会有一些特殊的问题需要解决，例如成本问题、质量问题、制度建设问题，等等，这些问题的解决必然会把责任分解到各个岗位上，必须通过考核指标来推进问题的解决，因而店铺各部门和各岗位在考核周期内的特殊问题也成为考核指标提取的一个重要来源。

第三节　业绩目标管理及其特性

1. 目标管理的定义

目标管理是一个大家耳熟能详的概念，这一管理模式现在逐渐成为店铺管理体系中最为重要组成部分之一，甚至被人称为“业绩管理中的管理”。目标管理是店铺使用最为广泛的最为重要的业绩管理方法。

目标管理也称为目标设置理论，这种方法由下级同他们的上司一起确定具体的业绩目标，定期对业绩目标的实现情况进行检查，报酬的分配基于实现目标的进展情况。

店铺经营的目的和任务，必须化为目标，店铺的各级主管必须通过这些目标对下级进行领导，以此来达到店铺的总目标。如果一个范围没有特定的目标，则这个范围必定被忽视，如果没有方向一致的分目标来指导各级主管人员的工作，则店铺规模越大，人员越多时，发生冲突和浪费的可能性就越大。

2. 目标管理的特性

目标管理具有以下几方面的特性。

（1）参与性

目标的实现者同时也是目标的制订者，即由上级与下级在一起共同确定目标。上级首先确定出总目标，然后对总目标进行分解，逐级展开，通过上下协商，制订出门店各部门、各工作小组直至每个员工的目标；用总目标指导分目标，用分目标保证总目标，以保证店铺的所有人员广泛地参与项目。

（2）导向性

目标管理用总目标指导分目标，用分目标保证总目标，形成一个目标手段链，给整个店铺的工作提供了工作导向。

（3）控制性

目标管理的主旨在于，用“自我控制的管理”代替“压制性的管理”，使员工能够控制他们自己的业绩。这种自我控制可以成为员工努力工作的动力，推动他们尽自己最大的力量把工作做好，而不仅仅是满足于完成基本工作任务。

（4）分权性

集权和分权的矛盾是店铺的基本管理矛盾之一，害怕失去对员工的控制是阻碍管理人员大胆授权的主要原因之一。推行目标管理有助于协调这一对矛盾，促使权力下放，有助于在保持有效控制的前提下，把店铺搞得更有生气一些。

（5）结果性

管理人员采用传统的管理方法，评价员工的表现，往往容易根据印象、本人的思想和对某些问题的态度等定性因素来评价。实行目标管理后，由于有了一套完善的目标考核体系，能使管理人员按员工的实际贡献大小如实地评价一个人。目标管理还力求店铺目标与个人目标更密切地结合在一起，以增强员工在工作中的满足感。这对于调动员工的积极性，增强店铺的凝聚力起到了很好的作用。

| 第八章 |

线下店铺管理，做成功的人力资源管理

第一节　线下店铺复制选人的依据

如何为店铺招聘到优秀而又合适的人才，不仅是令招聘人员感到棘手的问题，也是令门店管理者头痛的问题。

店铺的招聘计划的设定与实施，都会影响店铺招聘的效率和招聘的质量。招聘计划的编写一般包括以下步骤：

1. 获取人员需求信息

此项目包括人员的职务名称、岗位名称、总人数、任职资格、部门的分别录用数及男女员工的比例等。

2. 选择招聘信息的发布时间和发布渠道

要确定何时招聘，采取网络招聘还是现场招聘，时间如何安排。如果是现场招聘，是到招聘会还是采用其他的方式招聘。

3. 初步确定招聘小组

此项目包括小组人员分配及各自的职责等。有时，招聘会比较集中而且

分配在不同的地区，这时就要确定好重点小组，以确保招聘任务的完成。

4. 录用条件的制订

有的职位要求员工具有一定的学历，有的职位要求员工具有一定年限的工作经验，有的职位专门要求男性，有的职位则只招收女性，等等。这些录用条件事先都要制订好，以便于提高招聘效率和质量。

5. 面试方案的制订

面试方案，包括选拔实施的场所、用于考核的题目、具体实施的流程、参加面试考核的人员等。

6. 招聘成本的核算

招聘成本的高低是衡量招聘工作好坏的标准之一。如何既能降低成本，又能提高招聘效果，是进行招聘成本策略选择时需要权衡的问题。招聘成本主要包括招聘费用、选拔费用、录用费用、安置新员工费用和新员工培训成本等。

第二节　线下店铺管理，做好人员配备

店铺管理者在进行工作分配时，要根据本企业的企业文化，采用合适的分配方法及步骤，不能简简单单地把店员叫进办公室，一说了事。科学的工作分配，可以让店员产生岗位责任感、岗位优越感，起到有效的激励作用。

1. 先培训后分派

当店铺管理者决定委派某店员接受新的工作分配前，需要首先确认该店员是否有胜任新工作岗位的能力。如果不胜任的话，那这个工作分配就是不成功的。所以在工作分配前，管理者要对该店员进行新工作岗位的技能培训，培训合格后再上岗。

正式分配工作时，店铺管理者需要求人事部门向该店员颁发正式的聘书，聘书要求写明岗位名称、工作内容、工作职责、工作权利及义务、考核方式、奖惩措施及聘用时间等，以便使该店员明确了解自己的责任及任务，明明白白上岗。

2. 委任制分配法

委任制是店铺管理者直接任命员工担任相应职位的制度。该方法一般是人员较少的店铺所采用。

委任制的优点：程序简单，权力集中，指挥统一，效率高，省时间。

委任制的缺点：容易因店铺管理者个人的好恶，而出现“任人唯亲”的现象；或因店铺管理者本身的视野与精力的限制，而造成在没有全面了解下属的情况下错误委任的现象。

弥补方法：委任前，采取公示制度。在公示期内，任何店员都可以采用匿名或者实名的方式，向店铺管理者提出疑义。如果有疑义，店铺管理者将根据情况进行调查后给出处理意见。如果在公示期内没有疑义，则委任正式生效。该方法可以使全体店员参与决策，群众的眼睛是雪亮的，从而弥补店铺管理者的失误。

3. 选任制分配法

选任制是由店铺中的店员通过选举的方式来确定由谁担任某一职务的店员使用制度。该方法一般是人员较多的大店所采用。

选任制的优点：能够较好地反映大多数人的意愿，增强被选举店员对广大店员的责任感。

选任制的缺点：不适宜在很大的范围内实行，因为企业规模太大，员工彼此不熟悉，选举盲目；选举容易流于形式，多数员工跟着走过场。

弥补方法：一是参与选举的员工范围要控制在有效的范围内，避免流于形式；二是建立选任试用期制度，被选任的店员，需结合试用期的表现，综合评定后，才能正式聘用。

4. 聘任制分配法

聘任制是店铺管理者采用招聘的形式确定任用对象，并与之签订劳动合同的店员使用制度。

聘用制的优点：在合同期内比较稳定，便于管理。

聘任制的缺点：程序比较复杂。

弥补方法：在招聘过程中，除接收应聘者简历，以面试方法来确定任用对象外，店铺管理者还需发动全体店员，来推荐优秀人才。因店员对本店铺工作熟悉，了解工作岗位的具体要求，由于自身的责任感，一般会尽心推荐合适人选。另外被推荐人与店内店员相熟，门店管理者可以对被推荐人的背景及工作能力进行深入调查，不会被表面现象所蒙蔽。

5. 考任制分配法

考任制是店铺通过公开考试来评价员工的知识与才能，并依据考试成绩优劣录用各种人员的店员使用制度。

考任制的优点：具有明确统一的标准，公开竞争，机会均等，体现了成绩面前人人平等的公平原则。在大的范围内选拔人才，可以克服委任制、选任制和聘用制的主观性弊病和选拔视野狭窄的缺陷，并可以激励员工努力学习业务知识。

考任制的缺点：很难正确把握员工考试成绩与实际能力的关系，店员的道德素质无法通过考试来判断。考试成绩只适合于测评员工专项技能。

弥补方法：考试需分为笔试成绩及业务成绩两种综合考虑，一般采用满分加权制。满分均为100分，其中笔试成绩加权为0.4，业务成绩加权为0.6。例如，甲店员笔试成绩60分，业务成绩80分，则他的加权分数为：$60 \times 0.4 + 80 \times 0.6 = 72$分；乙店员笔试成绩80分，业务成绩60分，则他的加权分数为：$80 \times 0.4 + 60 \times 0.6 = 68$分。

第三节　给员工做好培训

新员工到职训练是指新员工除了对店铺的经营有所了解之外，其他的事情还要从头开始学起。

新员工到职训练，一般分为三个方面来进行。

1. 让新员工确认这项训练绝对有必要

任何新员工经过到职训练之后，对他将来开展工作具有正面的积极的效果和作用。如果让新员工误认为到职训练只不过是做做样子，只需要应

付一下，那么成功完成训练就有一些困难。

2. 训练新员工必备技能及工作规范

店铺应将员工必须掌握的知识及工作规范等资料整理好，装订成册，以备新员工使用。如果事先不准备，则训练的结果不能使新员工迅速了解状况，投入到工作中去，甚至使新员工觉得店铺经营没有秩序。

所以，这些工作需要一次做好，让新员工较快地进入角色，这对店铺和新员工来说都是有好处的。

3. 实际现场工作演练

这是新员工步入工作岗位必须具备的步骤。通过现场演练，可以印证新员工前面的训练和实际工作实务相结合，这不但使整个训练较为完整和系统，还让新员工在循序渐进的状况下进一步了解自己的工作。

通过上面三个步骤的训练，店铺对新员工的训练才告一段落。

新员工培训对于企业而言有着重要的意义，如果说招聘工作是对新员工管理的开始，那么培训就是企业对新员工管理的继续。员工培训的重要性在于，通过对企业发展史、发展战略、企业文化、管理制度的介绍，帮助员工顺利进入工作状态。

新员工培训对员工个人而言也有着非常重要的意义，新员工培训对员工而言是一个进一步了解、熟悉工作单位、工作岗位的过程，可以帮助新员工缓解因新环境的陌生感而产生的压力，也可帮助新员工顺利通过磨合期，在企业长期工作下去。